2021年文化和旅游优秀研究成果汇编

中国旅游研究院（文化和旅游部数据中心）　编

中国旅游出版社

责任编辑：刘志龙
责任印制：闫立中
封面设计：中文天地

图书在版编目（ＣＩＰ）数据

2021年文化和旅游优秀研究成果汇编 / 中国旅游研
究院（文化和旅游部数据中心）编．--北京：中国旅游
出版社，2022.3

ISBN 978-7-5032-6922-6

Ⅰ．①2… Ⅱ．①中… Ⅲ．①文化产业－成果－汇编
－中国②旅游业发展－成果－汇编－中国 Ⅳ．①G124
②F592.3

中国版本图书馆CIP数据核字（2022）第036560号

北京盛华达印刷科技有限公司

书　　　名：2021年文化和旅游优秀研究成果汇编

作　　　者：中国旅游研究院（文化和旅游部数据中心）　编
出版发行：中国旅游出版社
　　　　　　（北京静安东里6号　邮编：100028）
　　　　　　http://www.cttp.net.cn　E-mail:cttp@mct.gov.cn
　　　　　　营销中心电话：010-57377108，010-57377109
　　　　　　读者服务部电话：010-57377151
排　　　版：北京旅教文化传播有限公司
经　　　销：全国各地新华书店
印　　　刷：北京盛华达印刷科技有限公司
版　　　次：2022年3月第1版　2022年3月第1次印刷
开　　　本：787毫米×1092毫米　1/16
印　　　张：12.25
字　　　数：229千
定　　　价：56.00元
ＩＳＢＮ　978-7-5032-6922-6

编写说明

经文化和旅游部批准，原国家旅游局优秀研究成果评奖调整为文化和旅游优秀研究成果遴选，由中国旅游研究院（文化和旅游部数据中心）组织实施，该项目旨在鼓励全国各方面围绕文化和旅游研究产出高质量研究成果。

文化和旅游优秀研究成果要求聚焦文化和旅游研究，成果形式包括：（1）政府决策咨询、专题调研和数据研究报告（不含规划类成果）；（2）公开发表的学术论文；（3）公开出版的学术专著。根据 2021 年成果遴选公告，参评成果完成时间范围为 2020 年 1 月 1 日至 2020 年 12 月 31 日。经征集、遴选，2021 年文化和旅游优秀研究成果共 50 项成果入选。其中学术论文 20 项，专著 15 项，研究报告 15 项。

本成果汇编收录了 2021 年 50 项优秀研究成果摘要。

目　录

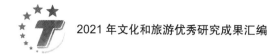

专著类——二等奖

专著类——三等奖

研究报告类——一等奖

研究报告类——二等奖

研究报告类——三等奖

学术论文类

——一等奖

文化遗产活化体验质量对旅游者目的地忠诚的影响：一个链式多重中介模型

作　　者：唐培，何建民

依托单位：华东师范大学

成果类别：集体成果

一、研究内容

　　旅游目的地文化遗产对旅游者的吸引日益增加，在高质量发展的时代主题下，文化遗产活化体验质量正成为旅游者目的地忠诚的一个重要影响因素。然而，学术界缺乏关于文化遗产活化体验质量对旅游者目的地忠诚影响的研究。本研究首先以文保学习收获、旅游者感知价值和旅游者满意为中介变量，构建了文化遗产活化体验质量对旅游者目的地忠诚影响的链式多重中介模型；然后以景区旅游目的地井冈山为例，运用结构方程模型和多重中介效应检验方法进行了模型验证；最后在城市旅游目的地上海开展了模型稳健性检验。结果表明：（1）文化遗产活化体验质量显著正向影响文保学习收获、旅游者感知价值和旅游者满意；（2）文保学习收获显著正向影响旅游者感知价值；（3）文保学习收获、旅游者感知价值和旅游者满意具有链式中介作用。

二、研究框架和研究方法

　　在文献回顾和相关理论的指导下，本研究主要运用结构方程模型和 Bootstrap 中介效应检验等方法探究了文化遗产活化体验质量对旅游者目的地忠诚的影响机制，并运用三种方法进行了稳健性检验。

三、理论创新和学术价值

第一，本研究提出了文化遗产活化体验质量和文保学习收获这两个新概念，揭示二者的可能关系及对旅游者感知价值、旅游者满意和旅游者目的地忠诚的影响，推进了后三者的影响因素研究。第二，从"文化遗产活化体验质量"的视角提供了一个分析旅游者目的地忠诚的理论框架，通过稳健性检验提高了结论的可信度。第三，多重中介模型多为含两个中介变量的研究，本研究开展了含三个中介变量的链式多重中介效应分析，能够为后续更复杂的多重中介模型提供案例及运用借鉴。第四，本研究详细探究了文化遗产活化体验质量维度对旅游者目的地忠诚影响的不同机制，使结论的细致化程度更高。

四、应用价值和经济、技术、社会效益

研究为旅游者目的地忠诚培育提供了新的视角和思路，对于景区企业经营管理及其盈利能力的提高具有一定的启发和指导意义。对于景区企业而言，具体可能有两个方面的管理启示：第一，要重视提升旅游者的文化遗产活化体验质量，开展基于文化遗产活化体验质量的管理，借此来提高旅游者感知价值、旅游者满意和旅游者目的地忠诚。第二，要重视增进旅游者的文保学习收获，开展基于文保学习收获的管理，以此提升旅游者感知价值和旅游者目的地忠诚。

中国乡村旅游地语言景观研究：以世界文化遗产宏村为例

作　　者：卢松，李光慧，徐茗
依托单位：上海师范大学
成果类别：集体成果

一、研究内容

　　1997 年 Landry 和 Bourhis 首次提出"语言景观"的概念，主要关注多语社会公共空间中各类标牌的语言选择和使用问题，具有信息功能和象征功能。旅游区语言景观是观察旅游对一个地区社会文化影响的重要窗口。本研究采用语言学、旅游学、地理学等跨学科方法，以世界文化遗产宏村为案例，从游客、政府和旅游企业等语言景观行动者视角，探讨了中国乡村旅游地语言景观的呈现、语言选择及其对旅游形象的促进作用。

　　研究发现以下几点。（1）旅游发展使得宏村语言景观更趋多元化。多语标牌占到 36%，且旅游线路上的多语标牌所占的比例要比非旅游线路上高出 21%。规范汉字占支配地位，繁体字较为突出，英语也占有一席之地。（2）游客对宏村的语言景观整体是满意的。他们相信这些多语标志（英语、繁体字等）有助于塑造乡村旅游地的传统文化形象。（3）官方标牌规范化，私人标牌多样化。官方标牌制作主要是受政策影响的规范化管理，私人标牌制作更多是受商业利润驱动下的理性选择。

　　在旅游发展背景下，全球化和本土化两股力量交织在一起，通过语言景观行动者的相互作用，共同形塑着中国乡村旅游地语言景观的呈现，塑造着乡村旅游地古老而又时尚的旅游形象、地方特色和文化身份。

二、研究框架和研究方法

本研究主要采用以下研究方法:(1)影像记录法:实地相机拍摄获取宏村语言标牌照片 1978 个。(2)问卷调查法:实地调研获取 354 份(国内游客 291 份,入境游客 63 份)游客有效问卷。(3)深度访谈法:获取宏村语言景观的制作意图,共访谈 43 人,其中政府 / 景区管理人员 4 人和店铺经营者 39 人。(4)实地走访法:走访宏村景区办公室、宏村村委会、宏村镇政府、黟县旅委、黄山市旅委、黄山市教育局等部门。

研究思路和框架如图 1 所示:

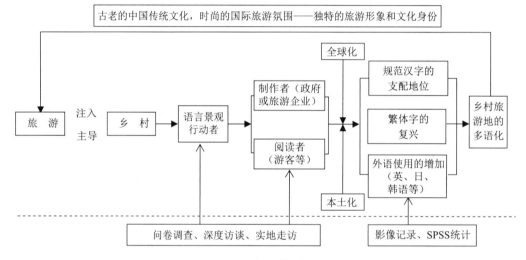

图 1 研究思路和框架

三、理论创新和学术价值

本研究是一项融合语言学、旅游学和地理学的跨学科研究,探索性地将语言景观引入到旅游地理学研究,尝试揭示旅游地多语现象、旅游发展与社会变化之间的关系。既丰富了旅游地理学、社会语言学的研究内容和体系,还从一个侧面揭示了中国乡村旅游地社会文化变迁的若干特征。

此外,本研究运用了影像记录、问卷调查、深度访谈、实地走访等多种方法,从游客、政府与旅游企业等行动者视角全面揭示旅游地语言景观的特征和规律。

四、应用价值和经济、技术、社会效益

我国乡村旅游地语言景观日益多样化，成为乡村景观塑造体系的重要内容，透射出乡村地域自然、政治、经济和文化等方面的变化，对游客体验质量管理、旅游地环境氛围塑造等方面意义重大。本研究结论对中国乡村旅游地语言服务、乡村景观规划、旅游开发及其可持续发展实践具有较好的指导意义。

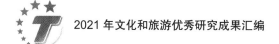

乡村振兴背景下的中国旅游减贫：问题与对策

作　　者：黄渊基
依托单位：湖南科技学院
成果类别：个人成果

一、研究内容

　　近30年来，旅游减贫逐渐从地方探索上升为国家战略，从区域个别实践扩展为全国普遍模式，在中国农村扶贫开发工作中发挥了重要作用，为中国乃至全世界的反贫困事业做出了重要贡献。现行标准下农村贫困人口全部脱贫后，脱贫攻坚将向乡村振兴过渡。在促进持续减贫和乡村振兴过程中，旅游仍然具有非常重要的地位和作用。因此，立足乡村振兴背景对中国旅游减贫的理论和实践问题进行研究，特别是研究中国旅游减贫存在的问题，在此基础上提出解决对策，无疑具有重要的理论价值和现实意义。

　　本成果是本人近年来持续开展的中国旅游减贫的理论和实践研究的一部分，在总体研究中占有非常重要的地位。总体研究基于世界反贫困和乡村建设的时空背景，立足中国脱贫攻坚和乡村振兴的生动实践，结合党中央提出的精准扶贫、精准脱贫，巩固拓展脱贫攻坚成果同乡村振兴有效衔接，扎实推动共同富裕等重大战略部署，对中国旅游减贫的理论和实践进行认真研究和分析。本成果主要为总体研究中的"探讨问题"和"提出对策"部分，主要研究了三个问题：我国旅游减贫的兴起、当前旅游扶贫存在的主要问题、乡村振兴背景下进一步推进我国旅游扶贫的对策建议。

二、研究框架和研究方法

由于本研究的研究对象及研究视角的独特性，具体研究方法要求具备比较鲜明的针对性和可操作性。

（1）文献研究及史料分析法。查阅旅游减贫、脱贫攻坚、乡村振兴等相关史料等文献资料，研读中央重要文件，把握中央政策精神，掌握旅游发展、脱贫攻坚和乡村振兴前沿动态，把握新形势下欠发达地区经济社会发展、脱贫巩固和乡村振兴的政策方向。

（2）案例研究与田野调查法。选取国内外旅游促进减贫和乡村振兴开展得比较好的地区进行案例剖析，开展田野调查，总结典型经验，探讨存在问题，分析借鉴意义。

（3）比较研究法。针对不同区域的旅游促进减贫和乡村振兴特点进行比较研究，分析普遍性和特殊性，注重对策研究的针对性、适用性和可操作性。

三、理论创新和学术价值

（一）学术思想创新

研究阐释"中国特色减贫道路"、"中国特色反贫困理论"、乡村振兴战略在贫困地区的实践，实现马克思主义基本原理、民族学、政治学、管理学、经济学、社会学等多学科交叉研究。坚持历史与逻辑相一致、理论与实践相统一、理想与现实相结合的原则，对贫困地区旅游减贫和乡村振兴问题进行综合性、多学科、实证式研究。

（二）学术观点创新

在贫困地区脱贫巩固和乡村振兴的大背景下，提出旅游是产业重构的核心，是贫困地区脱贫巩固和乡村振兴的核心动力和关键路径；提出从资源禀赋类型、开发推进主体、参与和受益途径、产业链条、消费需求等维度提炼模式类型；提出从动力机制、溢出机制、耦合机制、协调机制、内生增长机制、绩效评估机制、保障机制、合作机制等方面总结系统机制；并提出具体路径措施，有一定创新性。

（三）方法体系创新

综合运用文献研究法、案例分析法、比较研究法等方法开展研究，丰富本学科研究方法。从理论和实践两个维度，系统探究贫困地区旅游促进减贫和乡村振兴的现状，立足制度供给、信息供给以及产品供给提出下一步旅游促进减贫和乡村振兴的策略。

四、应用价值和经济、技术、社会效益

本成果为新时期欠发达地区文化和旅游融合发展、脱贫巩固和乡村振兴等工作提供理论支持和决策参考。有针对性地将研究成果应用于文化和旅游部门、农业农村和乡村振兴部门及其他党委、政府部门决策，促进相关工作开展。发挥舆论引领作用，在欠发达地区文旅融合、脱贫巩固、乡村振兴过程中积极引导、指导社会公众，营造良好社会氛围，彰显研究成果的社会效益。为马克思主义理论、民族学、政治学、社会学、旅游管理、公共管理、农林经济管理等专业教学提供支持，丰富教育教学理论内容、实操方法和现实案例，助力培养专业人才。本成果被中国人民大学复印报刊资料《旅游管理》2020 年第 8 期全文转载;《新华文摘》2020 年第 19 期论点摘编。曾获第四届全国旅游管理博士后学术论坛优秀博士后成果和中国自然资源学会 2018 年学术年会青年优秀论文。

学术论文类

——二等奖

国家战略背景下旅游资源的理论内涵与科学问题

作　　者：黄震方，葛军莲，储少莹
依托单位：南京师范大学
成果类别：集体成果

一、研究内容

在我国大力推进生态文明建设、新型城镇化和乡村振兴等系列国家战略，将旅游业培育成国民经济战略性支柱产业的背景下，旅游资源与国家战略的关系日益密切。新时代赋予了旅游资源科学新特征，也带来其科学内涵和研究方向的新变化。本研究立足于服务国家战略需求，分析了旅游资源科学新的时代特征和理论内涵，构建了旅游资源的研究框架，提出了主要科学问题，研究内容可为推动旅游资源科学的理论创新和学术发展，促进国家战略的实施提供理论参考和应用依据。

二、研究框架和研究方法

围绕国家战略背景下旅游资源的理论内涵与科学问题的研究主线，按照"战略背景与时代特征"分析——"理论基础和核心内涵"——"研究转型与框架构建"——"主要战略与科学问题"的框架开展研究。坚持以战略为支点，以需求为导向，以资源为基础，以理论为核心，以创新为追求，在运用文献综述、归纳分析等研究方法的基础上，克服个案实证、数据分析和刻意定量的局限，注重理性思考和理论思辨，力求形成具有思想火花、理论深度和创新价值的研究成果。

三、理论创新和学术价值

一是结合国家战略和新时代特征，阐明了旅游资源的科学内涵，提出从资源本底、资源利用、空间格局和系统协同层面，建立旅游资源的基础理论，并将旅游吸引物理论和旅游人地关系理论作为理论核心；二是提出了旅游资源研究转型思路并构建了新的研究框架，强调要树立新的旅游资源观，综合运用新的理论思维和技术方法，推动旅游资源科学研究转型和创新发展，并从旅游资源要素维度、空间维度和开发维度，构建"三维一体"的旅游资源研究框架；三是结合系列国家战略需求，提出和凝练了相关科学问题，阐述了旅游资源创新研究思路。研究成果可为深入开展旅游资源及相关研究提供借鉴和启示，并在一定程度上丰富了旅游资源研究的理论内涵，对推动旅游资源科学创新，增加学科知识溢出，更好地服务于国家战略、人民生活需要和旅游产业发展，具有较为重要的理论意义和应用价值。

四、应用价值和经济、技术、社会效益

本研究发表尽管只有一年时间，却已被《地理研究》等重要期刊多次引用，截至2021年8月20日，共被引8次，下载825次，并在2020年11月被人大复印报刊资料《旅游管理》全文转载。本研究成果对促进旅游资源科学发展，推动旅游资源保护、开发利用和创新发展，具有较大应用价值和创效潜力。此外，本研究作为《自然资源学报》"资源与战略"栏目具有示范价值的一篇论文，为该刊近年来打造高下载、高引用和高影响力的品牌栏目做出了积极的贡献。

在线评论有用性的深度数据挖掘

——基于 TripAdvisor 的酒店评论数据

作　　者：史达，王乐乐，衣博文
依托单位：东北财经大学
成果类别：集体成果

一、研究内容

在线评论平台不断发展，逐渐成为海量信息荟萃、买卖双方交流的信息共享平台。买方通过评论获取商品信息，以减少购买过程中的不确定性和交易成本；也通过评论反馈商品使用体验，为其他买方提供购买决策的依据。卖方在平台上展示商品信息，借助平台客流提高获客效率；也通过平台获知买方对商品的使用评价，以采取相应的优化商品或服务的措施。平台作为中介，以提升对买卖双方的服务质量来吸引买方客流、卖方入驻。然而，在线评论的便利性和信息过载问题并存。面对海量评论，平台与买卖双方都需要快捷有效地过滤无效信息、获取有效信息，因此甄别评论的有用性具有十分重要的意义。

目前评论有用性的研究趋势，一方面是探索新影响因素或拓展新影响情景，另一方面是开始关注如何改进评论有用性的量化方式。而现有研究对评论有用性影响因素的归纳和总结较为微观、随性，鲜有将这些因素纳入某个理论框架内进行讨论，缺乏整体性。因此，本文以在线酒店评论为研究样本，基于双重过程理论的启发式—系统式模型（HSM），建立影响因素回归模型，探究多维因素对评论有用性的影响，不仅拓展了酒店评论有用性的现有理论框架，且对在线评论平台和酒店未来需提升的维度和发展的方向提供指导作用。

二、研究框架和研究方法

双重过程理论用于区分不同类型的信息处理过程，解释了信息的内容及其影响因素对信息有用性的影响。该理论在说服力和态度改变的研究领域最具影响力，并且对群体意见中的有效沟通有很大作用。HSM 模型是双重过程理论的典型代表，Chaiken 等提出这一模型可用于解释个体信息行为过程。该模型将个体信息行为过程分为启发式行为和系统式行为。启发式行为是基于直觉的，通常根据信息的外部线索进行简单判断；而系统式行为是基于理性的，需要利用足够多的认知资源对信息进行评估。现有文献鲜有基于 HSM 模型对评论有用性进行研究，而 Zhang 等认为消费者对在线评论的接受是一个包括启发式和系统式两种行为的双重过程。故本研究以 HSM 模型为基础，对评论有用性进行讨论。

因此，本研究以双重过程理论为研究框架，总结归纳以往研究，将评论有用性的影响因素分为启发式线索和系统式线索，为评论有用性在酒店领域提供了一个可供参照的理论框架，并通过优化算法，在一定程度上提高了测量评论有用性的准确性。

三、理论创新和学术价值

第一，本研究基于双重过程理论，以 HSM 模型为研究框架，研究启发式和系统式线索对评论有用性的影响，为酒店评论有用性探索了一个可供参照的理论视角。HSM 模型源自双重过程理论，用于解释个体决策行为，而评论有用性问题是该理论在互联网情景中的具体研究切入点。现有研究鲜少对酒店评论有用性建立一个系统的理论模型，本文根据该理论的范式要求，以启发式线索和系统式线索为统筹，以整体的视角关注在线评论有用性的影响因素，不仅丰富了双重过程理论的应用情景，还拓展了酒店评论有用性的现有理论框架。

第二，本研究采用基于神经网络语言模型的 Word2Vec 的加权相似度算法，根据有用评论计算零有用票数评论的有用得分，优化了现有研究关于评论有用性的计算方法。该算法结合了 TF-IDF 方法，结合语境语义训练得到词向量和评论向量。同时，基于有用评论的投票数，对每条评论与有用评论的余弦相似度进行加权，获得加权相似度，即有用性得分。该算法充分考虑到投票数越多的有用评论，对相似度的影响越大，并考虑了浏览者阅读到某条评论的偶然性以及个体习惯差异，能够有效减小现有研究对有用性的测量误差，优化评论有用性量化方法。

第三，本研究在评论有用性研究中深化了现有研究对在线评论的语义分析和情感分析。基于 TF-IDF 的 LDA 主题模型，从评论主题角度深度挖掘评论语义，拓展了酒店评论语义分析的研究视角；采用多种机器学习方法分析评论情感，并对比了情感分析得分与在线评分两种测量方法的差异，在一定程度上提高了现有研究对酒店评论情感分析的精度，对评论者在酒店评论中情感的真实表达有了更加准确的预测。

四、应用价值和经济、技术、社会效益

（1）浏览者评价评论有用性时，在启发式线索中，会考虑评论者的专业性和可信度，参考评论者的出行类型，关注直观的图像信息，偏好评论长度与有效信息量之间"性价比"更高的评论；在系统性线索中，评论情感为系统性线索的触发因素，评论浏览者更容易信任负面评论。

（2）大多数启发式线索对评论有用性有显著影响，浏览者进行评论有用性决策时偏向于启发式过程。同时，系统式线索对于评论有用性的影响也值得重视。一方面，启发式线索的构建，包括提供评论者类型标签、建议适当的评论长度等，有助于降低浏览者的研究成本，从而触发启发式过程；另一方面，由于系统式线索可增加浏览者决策的精准性，所以需关注具有负面情感的评论，防止系统式线索的触发，避免带来负面效应。

（3）在线评论平台与酒店可以从在线评论中挖掘有助于自身长远发展的有效信息。如在线评论平台可以采取优先推荐优质评论、加强信息种类自主选择功能以及优化移动端页面结构等措施，提高平台的信息利用效率、节省浏览者的时间成本并提升浏览者的阅读体验；酒店管理者可以通过图像信息精准定位不足之处，从评论内容挖掘客人特性与需求，从而掌握不同类型客人的关注点，重客人之重，有针对性地提升酒店的服务质量，制定适合酒店自身的经营策略。

测量酒店员工工作风险感知：维度与量表开发

作　　者：谢朝武，张江驰，陈岩英，Morrison，林志斌
依托单位：华侨大学
成果类别：集体成果

一、研究内容

本研究致力于为酒店员工工作风险感知提供测量工具和理论基础，研究的主要内容包括：

第一，基于事故致因理论和风险来源视角，对酒店员工工作风险感知进行了系统的文献综述，并结合访谈研究建构了酒店员工工作风险感知的维度结构和初始测量量表（研究 1）。

第二，通过三阶段（研究 2、研究 3、研究 4）问卷调查和实证分析，形成了酒店员工工作风险感知的维度结构和测量量表，并验证了由五维度构成的员工工作风险感知二阶五因子模型。

第三，提出了面向酒店等服务性企业员工的工作风险管理策略，并从多主体行为调控、设施设备综合管理、内外部环境风险规避以及组织体制机制建设等方面对员工工作安全保障体系进行建构性分析。

二、研究框架和研究方法

研究以酒店员工工作风险感知的维度识别和测量量表作为目标导向，综合采用定性和定量相结合的混合研究方法开展了四项子研究：

第一，在研究 1 的质性探索中，通过文献研究梳理了酒店员工工作风险感知的类

属范畴，并结合访谈分析识别了酒店员工工作风险感知的概念模型和测量方向，并通过探索性因子分析形成了初始测量指标。

第二，在研究 2 和研究 3 的定量探索中，研究面向中国东部和东南沿海 24 家中高星级酒店展开问卷调查，并采用验证性因子分析对维度结构和测量指标进行了两轮次的提纯和验证。

第三，在研究 4 的综合探索中，通过再一次的专家访谈法进行指标优化，并面向中国 14 个城市 28 家星级酒店展开问卷调查，实证检验了酒店员工工作风险感知的效度结构，由此形成了最终的测量量表。

三、理论创新和学术价值

第一，本研究基于事故致因理论系统揭示了酒店员工工作风险感知的维度结构和评价模型，既有助于推进酒店职业风险领域的学术研究，也能为酒店开展职业风险管理提供理论基础。

第二，本研究开发了酒店员工工作风险感知的多维度测量量表，为本领域的后续研究提供了可靠的测量量表，也为酒店开展员工职业安全风险评估提供了测量工具。

四、应用价值和经济、技术、社会效益

第一，推动酒店企业优化员工工作风险管理。酒店可根据五类工作风险来源展开分类管理、实施针对性风险管理策略，并可据此强化对员工工作风险感知的应急监测和动态追踪，确定薄弱环节和薄弱因素，为员工提供综合性安全服务和安全保障。

第二，提升酒店等服务性行业的就业吸引力。统筹安全和发展是新时期的国家战略，强化酒店工作风险管理，提升酒店职业安全形象，对于提升酒店行业的就业吸引力具有积极作用。

世界遗产地乡村聚落功能转型与空间重构

——以汤口、寨西和山岔为例

作　　者：杨兴柱，杨周，朱跃
依托单位：安徽师范大学
成果类别：集体成果

一、研究内容

作为新兴的重要发展力量，旅游业发展深刻地改变着社会经济形态和空间格局。一方面，世界遗产地乡村聚落承载传统功能（如居住功能、生产功能等）；另一方面，旅游消费给予乡村聚落新的发展动机和发展活力，文化传承、休闲旅游等潜在功能逐步被挖掘。

以黄山世界遗产地汤口、寨西和山岔 3 个聚落为个案研究对象，解析了 3 个聚落功能转型与空间重构的特征与模式，分析了聚落转型发展的影响因素与机制。汤口、寨西和山岔 3 个聚落在功能转型与空间重构上，存在不同的特征与模式：汤口呈功能耗散式转型与空间破碎化分异，寨西呈功能模块化融合与空间协同性演替，山岔呈功能自组织适应与空间核域式集聚，并相应形成"就地生长型""新建重构型""景村共生型" 3 种转型发展模式。内外因素的相互作用、多元主体的能动性与旅游市场需求为世界遗产地 3 个聚落转型发展的支撑力、行动力与驱动力，推动着 3 个聚落功能转型发展。

二、研究框架和研究方法

（一）研究框架（图1）

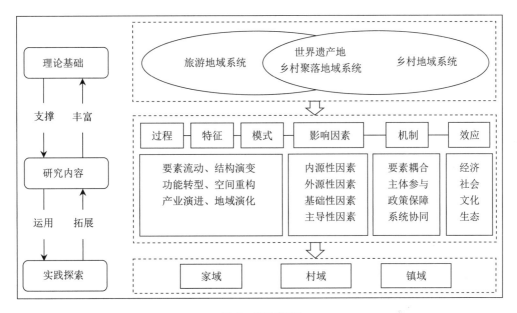

图1　研究框架

（二）研究方法

采取参与式农村评估方法、GIS空间分析和高清遥感影像相结合的方法，主要对3个典型世界遗产地聚落旅游业空间分布和居民宅屋使用情况进行调研，发放问卷240份。并对汤口镇旅游分局局长、汤口镇规划建设分局局长、各村书记、旅游从业人员、普通村民进行访谈。通过 Google Earth 及专业地图软件获取高清影像图，获取研究区旅游功能宅屋分布数据。综合运用聚落混质度测度方法，从时间维度、空间维度和社群维度3个维度综合测度3个聚落旅居混质度。

三、理论创新和学术价值

（1）在选题上具有重大意义。世界遗产地乡村聚落是旅游地域系统作用于乡村地域系统的重要体现。关注旅游发展进程中世界遗产地乡村聚落功能转型与人类适应性的科学研究，既是旅游管理学、人文地理学领域亟待深入研究的重要前沿课题，也是新阶段面向国家战略需求亟须推进科学决策与创新的重大战略主题。

（2）在研究内容上具有原创性的学术价值。世界遗产地乡村聚落转型发展是旅游地域系统和乡村地域系统相互作用的过程。本研究成果选取黄山世界遗产地乡村聚落作为典型案例，围绕"过程—特征—模式—影响因素—机制"的研究内容，总结世界遗产地乡村转型发展的一般规律，探究世界遗产地乡村聚落转型发展机制，为世界遗产地可持续发展和乡村振兴提供实践参考，正是本研究成果重点突破之处。

（3）在研究方法上有重要创新。通过参与式农村评估与问卷访谈相结合的方法、地理信息系统空间分析方法、聚落混质度方法，解析其转型发展的特征与模式、影响因素与驱动机制。

四、应用价值和经济、技术、社会效益

世界遗产地作为人地关系相互作用的特殊区域，旅游成为驱动乡村转型发展的策源力量和持续动力。本研究有助于：揭示旅游经济通过供求等市场作用带动世界遗产地乡村地域各要素解构与重组，为世界遗产地乡村空间资源合理利用与科学管理、人地关系协调的空间秩序建构提供理论支撑，为案例地重塑世界遗产地乡村地域系统提供评判依据，为其可持续发展提供科学指导。

移民对中国对外旅游投资的影响研究

作　　者：宋昌耀，时姗姗，陈梅，Ni jkamp，厉新建

依托单位：北京第二外国语学院

成果类别：集体成果

一、研究内容

随着经济全球化和国际旅游业的发展，对外旅游投资（OFDI）已成为旅游业发展中的重要现象。本研究通过运用面板数据和负二项式模型来估计移民对中国对外旅游投资的影响，探讨了移民与对外旅游投资之间的相互作用。

第一，本研究构建了移民对中国对外旅游投资影响的理论框架，包括出境旅游效应、经济效应、文化效应和社会效应，旨在评估移民如何影响对外旅游投资（图1）。

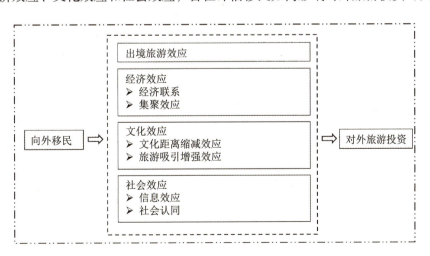

图1　移民对中国对外旅游投资影响的概念框架

第二，实证研究揭示了华人移民对中国对外旅游投资具有显著的促进作用，但这种促进效应随着时间推移呈现递减趋势。

第三，本研究还发现，目的地国家发展程度、文化距离以及地理距离是华人移民对中国对外旅游投资促进效应的调节因素。华人移民对中国对发达经济体和相邻经济体的对外旅游投资具有正向影响。

二、研究框架和研究方法

本研究通过运用面板数据和计量经济学中前沿的负二项回归模型估计移民对中国对外旅游投资的影响，探讨了移民与对外旅游投资之间的相互作用。

三、理论创新和学术价值

本研究集中在移民对中国对外旅游投资的影响上，这对 MLT（移民导向的旅游发展）理论和 MLF（移民导向的外商投资）理论都有贡献。尝试关注旅游业来扩展对旅游跨国投资的研究，以便更好地了解移民和对外旅游投资之间的关系。

四、应用价值和经济、技术、社会效益

本研究对于中国企业对外旅游投资具有重要启示。中国企业在对外旅游投资时应当充分考虑华人移民因素的促进作用，认识到华人移民在购买母国旅游产品上的行为偏好。旨在营利的公司更容易进入移民市场和出境旅游市场。此外，企业应更好地利用移民与祖国的经济联系和社会文化纽带，以便从东道国获得有用的投资信息。最后，对外旅游投资可以流向移民聚集地，从而使东道国企业更好地利用有利的集聚效应和投资环境，提高投资效率和效益。

旅游孤岛效应：旅游区与周边社区的利益博弈

作　　者：田里，宋俊楷

依托单位：云南大学

成果类别：集体成果

一、研究内容

　　旅游区与周边社区的矛盾冲突长期贯穿于我国旅游业发展实践，本文研究是对现实问题的学术回应及解决方案。①理论构建。系统阐述旅游孤岛效应的概念、类型、特征、形成、演化、状态、调控等基本理论问题。②利益相关方。分析旅游区孤立发展引发的利益博弈主要相关方，即当地政府、旅游企业、社区居民等。③博弈关系。当地政府与旅游企业，既有追求效益目标又存在利益分配的冲突；当地政府与社区居民，既有驱动社区旅游发展又存在行业管理冲突；旅游企业与社区居民，既有社区参与旅游又存在利益分享的冲突，由此形成发展差异、相互阻隔、矛盾对抗的状态。④博弈治理。建立利益调控的三条路径：一是采取非中心化的区域发展策略，弱化因单一旅游区发展产生的极化效应；二是实施去边界化的旅游区发展方向，推进旅游区与周边社区共享旅游发展；三是应用增权参与的社区发展思路，平衡政府、旅游企业、社区居民之间的旅游权力结构。

二、研究框架和研究方法

　　研究采取"类型、特征、成因、状态、演化、调控"六位一体的分析框架（图1）。

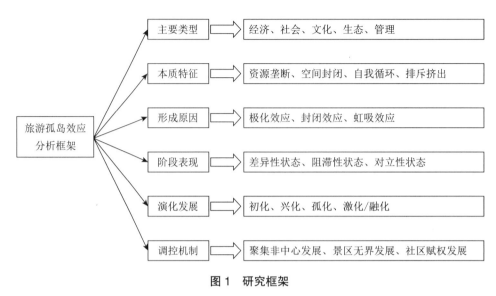

图1　研究框架

研究应用理论辨析、模型推演、预测分析等研究方法。

三、理论创新和学术价值

（1）理论创新。在旅游区与周边社区关系研究领域，在"旅游飞地""旅游罩"基础上提出"旅游孤岛"工具概念，相比较"社区参与""社区增权""共享发展"等概念，更准确地界定了旅游区与周边社区的利益博弈关系的本质。

（2）方法应用。"旅游孤岛效应"将静态的关系状态与动态的关系演化有机结合，为旅游区与周边社区利益博弈关系演化提供了清晰的阶段特征，并遵循利益博弈关系演化进行冲突预测，进而加以干预与调控，以促进旅游区与周边社区的和谐发展。

四、应用价值和经济、技术、社会效益

（1）应用于案例地推演关系演化阶段及关系冲突状态。应用孤岛效应演化理论模型，根据对案例地普者黑旅游区（5A级）进行多年跟踪调查，判断旅游区发展在经历了初化阶段、兴化阶段、孤化阶段之后，已进入激化阶段；其矛盾冲突状态已经呈现差异性、阻滞性、对立性并存状态。

（2）回应了案例地提出了博弈关系化解的对策与方案。针对普者黑旅游区提出调控利益主体间冲突的三条路径：采取聚集非中心化的区域发展策略，弱化因单一旅游区发展产生的极化效应；实施去边界化的旅游区发展方向，推进旅游区与周边社区共享旅游发展；应用增权参与的社区发展思路，平衡政府、旅游企业、社区居民之间的旅游权力结构。从而增进和谐共享的发展目标。

民族地区文化产业与旅游产业的融合动力解析及机制研究

作　　者：赵书虹，陈婷婷

依托单位：云南大学

成果类别：集体成果

一、研究内容

（一）民族地区文化产业与旅游产业融合现状考察

通过梳理文化产业与旅游产业融合内涵、动力及机制的国内外相关研究，掌握文化产业和旅游产业融合的理论基础和研究现状，明确民族地区文化产业与旅游产业融合现有研究的不足。

以文化产业与旅游产业融合处于不同阶段为选取依据，确定玉湖村、曼飞龙村、同乐村为案例地，对参与民族地区文化产业与旅游产业发展的相关人员进行访谈，掌握实地调查资料。

（二）民族地区文化产业与旅游产业融合动力分析

运用扎根理论分析出资源要素整合、旅游需求升级、创新变革支撑、企业管理决策是民族地区文化产业与旅游产业融合的动力，其中，资源要素整合是基础动力，旅游需求升级是直接动力，创新变革支撑是支撑动力，企业管理决策是外在动力。

（三）民族地区文化产业与旅游产业融合机理研究

融合动力间相互作用（图1），通过产品融合、市场融合、载体融合和技术融合共推民族地区文化产业与旅游产业融合发展。但在民族地区文化产业与旅游产业融合的不同阶段，具体动力作用程度具有差异，动力之间的互动作用很大程度上决定两个产业的融合水平。

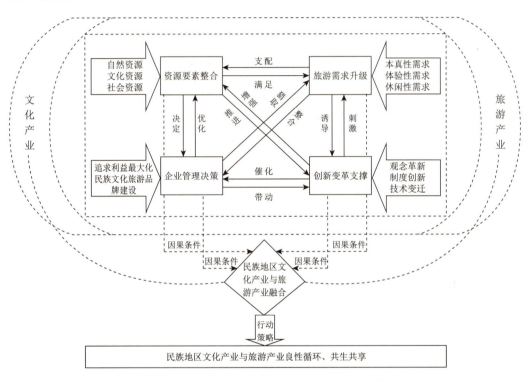

图1　民族地区文化产业与旅游产业融合机理模型

二、研究框架和研究方法

（一）研究框架（图2）

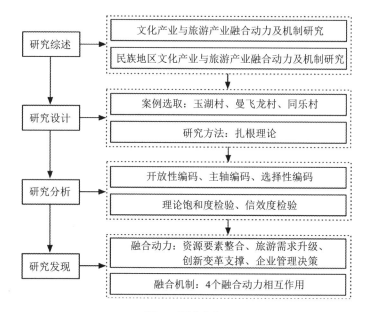

图2　研究框架

（二）研究方法

采用追踪式田野调查获取多案例一手资料，针对融合研究互动关系突出的特点，选用扎根理论梳理数据资料。选取玉湖村、曼飞龙村和同乐村为案例地，通过追踪式田野调查收集不同时期参与文化产业和旅游产业发展的当地政府决策部门、村领导、工作人员、村民及旅游者的访谈资料，利用开放性编码、主轴编码、选择性编码3个步骤来探讨民族地区文化产业与旅游产业不同融合发展阶段的动力及机制。

三、理论创新和学术价值

（一）理论创新

明确了包含自然资源、文化资源和社会资源在内的资源要素整合有助于民族地区文化产业与旅游产业融合，也完善了其他动力的具体维度和内容体系，为探索文化产业和旅游产业融合提供更为完善的理论支撑。

（二）学术价值

归纳发现资源要素整合、旅游需求升级、创新变革支撑、企业管理决策是民族地区文化产业与旅游产业的融合动力，拓宽了民族地区产业融合的研究范畴。

初步构建民族地区文化产业与旅游产业的融合机制模型，尝试探索 4 个动力之间的相互作用关系，以及其对民族地区文化产业与旅游产业融合的促进作用。

四、应用价值和经济、技术、社会效益

（一）应用价值

探索融合动力对民族地区文化产业与旅游产业融合的促进作用，既可为民族地区文旅融合高质量发展提供借鉴，也可为民族地区文化和旅游产业结构转型升级和提质增效提供重要的参考价值。

（二）实践效益

融合动力的互补有助于文化旅游供给与需求的协调平衡。民族地区依据旅游者的消费需求特征和市场发展趋势挖掘文旅资源，在政府、企业协同发展下延伸现有产品的长度、深度和广度，从而解决民族文化旅游目的地供需结构失衡的问题。

学术论文类

——三等奖

湖泊型旅游地社区参与的去权过程及启示

——以安徽省太平湖为例

作　　者：尹寿兵，王鑫

依托单位：安徽师范大学

成果类别：集体成果

一、研究内容

本研究以安徽省太平湖为例，借助社区增权分析框架，探索湖泊型旅游地社区参与的去权过程。研究发现：（1）太平湖渔民群体在政治、经济、心理和社会四个维度上都显现出权利被削弱甚至处于无权的状态。（2）经济利益分配不公是社区居民"权能感"丧失最直接的因素，为改变利益主体之间的权利关系，对政治权益的要求常成为经济诉求的辅助手段；经济、政治和社会三方面去权共同导致了社区心理无权感。（3）太平湖社区参与的去权呈现了螺旋下降的过程。（4）相对区位条件、参与旅游程度、个人能力等因素导致对"权能感"感知明显不同，社区内部出现分化。最后，从制度、政府和社区层面探讨了湖泊型旅游地社区去权的根源。

二、研究框架和研究方法

在借鉴 Scheyvens 增权理论的基础上，结合湖泊型旅游地发展特征，分别划分经济去权、政治去权、社会去权、心理去权的子维度，资源使用、决策参与、信息获取、社区经济、旅游获益、个体权能等方面，构建了太平湖沿湖社区旅游去权分析框架（图1）。

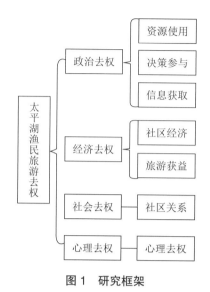

图 1　研究框架

研究方法主要采用了文献分析、深度访谈和田野调查等方法。

三、理论创新和学术价值

本研究显示，Scheyvens 增权理论分析框架能够较好地考察旅游地社区参与旅游过程中的去权表现。但需要结合研究对象特点对四个维度进一步细分，构建具体的分析框架。同时显示，在具体分析各个维度的去权表现，以及四个维度之间的关系时，运用质性方法能够更好地发现其内在逻辑关系，进而提供合理的理论解释。

另一方面，研究还显示，与已有研究较多涉及的山地、村落型旅游地不同，湖泊型旅游地具有特殊性。（1）从空间分割的角度来看，湖泊的水面是整体的，无法切割。随着可持续发展和生态文明理念的推动，对湖泊的整体性保护和利用已成必然。（2）从社区生计方式来看，随着发展理念和发展方式的变革，湖泊型旅游地，特别是以水为生的渔民群体需要面临生计方式的彻底变革。（3）从资源利用和权属来看，沿湖社区因历史发展而形成的对湖泊的事实利用与法律层面资源权属的关系形成了矛盾。这些方面都显现出湖泊型旅游地在旅游发展过程中的个性特征。现有更多的基于山地、村落型旅游地的去权分析，以及在此基础上提出的增权方案直接植入湖泊型旅游地的困难较大，需要今后针对湖泊旅游开展更深入的理论研究，揭示湖泊类社区去权的理论特质，为现实发展提供理论支撑。

四、应用价值和经济、技术、社会效益

本研究在借鉴已有理论的基础上，提出了旅游去权分析框架，并从制度、政府和社区层面探讨了湖泊型旅游地社区参与旅游的去权根源，为理解湖泊型旅游地社区去权过程具有积极意义。同时，本研究指出，湖泊型旅游地在空间分割、资源权属、社区生计等方面具有自身的特殊性，为今后同类研究奠定了一定的基础，也为湖泊型旅游地可持续发展的实践提供了一定的理论支撑。

旅游者压力及应对策略研究

作　　者：朱明芳，高洁，张立楠，金声琅
依托单位：暨南大学
成果类别：集体成果

一、研究内容

　　压力会影响个人的身心健康，人们经常面临压力事件（Lazarus & Folkman，1984）。压力会对他们的幸福感产生负面影响（Lazarus，1993；Watson，1988）。现有多数研究主要聚焦在旅游作为中介变量对日常压力的缓解作用。部分研究者注意到"度假综合征"的存在，游客在度假期间会经历各种压力，包括与工作有关的压力，与旅游相关的压力，以及与旅游团有关的压力（Gao & Kerstetter，2018；Zehrer & Crotts，2012）。本研究旨在探讨旅游者在临时、旅游流动状态中的压力来源和压力应对策略，从而可以最大限度地发挥旅游体验的积极效果。通过半结构化访谈和参与者观察，研究发现游客在度假期间会遇到四种主要的压力类型（服务提供者相关的压力、旅游者的压力、旅行伙伴的压力和环境压力），通常采用以问题为中心和以情绪为中心的应对策略来应对压力。这些发现有助于记录旅游环境中的特定类型的压力，探索应对压力的新方法，同时为景区和酒店人员修改项目或增强游客体验提供建议，以应对游客的压力。

二、研究框架和研究方法

　　本研究借助社会支持理论、Barrera（1986）、Zehrer & Crotts（2012）改进的休闲和旅游压力要素，Lazarus & Folkman（1984）的交互模型（transaction model）作为研

究基础，在对文献进行梳理和研究的基础之上，以深圳华侨城锦绣中华和中国民俗文化村为案例地，以神秘访客身份进行为期 3 个月的田野调查，采取参与性观察和半结构式深入访谈的研究方法，试图以局内人的视角去了解旅游者的压力和应对策略。通过扎根理论结合质性数据对旅游者在旅游过程中的压力来源和应对策略进行探索。

三、理论创新和学术价值

作为市场营销与社会学的交叉研究，推动了旅游行为研究的新思路。本研究以 Lazarus 和 Folkman 的交互模型为指导框架，创新研究视角，将压力研究从常态、固定的日常状态中延续到旅游这样一种特殊的情境，暂时的、流动的状态，通过研究发现，其压力来源和应对策略都是不同的。同时，本研究在研究方法上创新，结合半结构化深度访谈和三个月参与观察来收集数据，并采用扎根理论方法进行分析，验证了旅游确实带来多方面的压力。对于旅游者压力感知和应对策略问题进行系统理论和实证研究，揭示了旅游者在旅游过程中所感知的主要心理压力和采用应对策略结构、特点及二者之间的关系，丰富和发展了压力应对理论。

四、应用价值和经济、技术、社会效益

对于企业和消费者而言，可以通过本研究更好地处理旅游者情绪和压力，在旅游产品设计和营销过程中，营造好的氛围，完善服务设施，提高服务质量，从而更好地获得旅游带来的正面体验，提高幸福感。

论文发表在旅游管理领域顶级期刊《旅游管理》（Tourism Management）上，可以引起更多学者的关注，提高旅游学界和业界对于游客情绪和压力的重视，从关注服务质量管理发展为关注游客体验。对于游客而言，通过本研究认识到旅游过程中存在的压力来源，在旅游的不同阶段（游前、游中和游后）做好后备预案和调整，可以获得更好的旅游体验，提升幸福感和提高旅游满意度。同时，本研究结果为案例地管理提供更多管理思路，包括锦绣中华、民俗村和全国各地欢乐谷等项目地，比如游客在面对负向情绪和压力时，经常采取网络重新搜索信息改变计划、社交媒体发布交流分享，项目地所在运营单位和管理部门应当提供良好的 5G 解决方案，帮助游客更好地使用压力应对对策，转压力为动机，寻找减少或消除可能给旅游者造成压力的潜在条件，并修改他们的计划或产品的方法应对旅游者的压力和旅行体验中应对压力的需要。

旅游者幸福感：概念化及其量表开发

作　　者：妥艳媜，白长虹，王琳
依托单位：南开大学
成果类别：集体成果

一、研究内容

旅游已成为人们的生活方式，是满足人民对美好生活向往和提升获得感幸福感的重要精神性活动。自2000年以来越来越多的旅游学者开始关注旅游与幸福感研究。现有旅游与幸福感研究主要围绕：旅游与幸福感关系的思辨研究，即旅游能否提升旅游者的幸福感；旅游者幸福感内涵、影响因素及其结果变量研究。但遗憾的是，已有研究面临的共同难题，且亟待解决的问题是：何为旅游者幸福感？如何测量旅游者幸福感？正是由于现有的旅游研究尚未能够真正回答上述两个问题，使得学者们对同一个问题的探讨常常会呈现出不同的研究结论。

旅游者幸福感的概念与测量是所有实证研究的基础，更是所有研究得以进行平等对话的基础。本研究立足于旅游者个体层面，回答旅游幸福感研究中的两个关键问题，即旅游者幸福感的概念内涵及其量表开发。

二、研究框架和研究方法

针对上述问题，本研究站在主位研究视角（旅游者视角）提出了旅游者幸福感定义，并基于原型理论（Prototype theory），在严格遵循量表开发流程的基础上，通过深度访谈与关键事件法的质性研究，以及探索性因子分析和验证性因子分析的定量研究，最终构建一个六维度23个测项的旅游者幸福感测量模型。

三、理论创新和学术价值

（一）提出了旅游者幸福感概念

研究表明，人们在旅游过程中的确体验到了与一般意义上的幸福感不同的幸福旅游体验，即旅游者幸福感。它是旅游者在旅游过程中所感受到的，从简单的感官享乐到更深刻的精神层面上自我实现的综合体验。

（二）开发旅游者幸福感量表

本研究遵从严谨的量表开发流程，得到包含有六个维度23个测项的旅游者幸福感量表。六个维度分别是：积极情感、控制感、个人成长、成就体验、社会联结和沉浸体验。六个维度共同构成旅游者幸福感的一阶因子，同时又受旅游者幸福感这个高阶因子的影响。

（三）基于旅游者主位的研究

本研究从旅游者的主位视角出发，探讨旅游者在旅行过程中幸福体验的内涵和维度，超越以往幸福感研究中关于"享乐型幸福体验"和"实现型幸福体验"的研究争议，在研究开始之前并不预设任意一个前提假设，客观地呈现出旅游者自身在旅游中的所思所想，并从中归纳出幸福感的内容。

四、应用价值和经济、技术、社会效益

本研究可以帮助旅游者采取一些恰当措施提升旅游中的幸福体验，有助于旅游企业在产品设计、流程设计与服务设计等各方面时，综合考虑这些设计将如何提升旅游者幸福感，协助政府决策机构将旅游者幸福感作为一个重要的政策制定目标和基础，以幸福感为政策执行的出发点，为旅游者创造更好的旅游环境和政策保障，也为旅游企业搭建良性发展平台提供理论指导和决策参考。

要素禀赋、制度环境与旅游经济高质量发展

作　　者：刘英基，韩元军

依托单位：河南师范大学

成果类别：集体成果

一、研究内容

中国旅游经济依然存在粗放式增长导致的资源过度消耗、生态破坏、旅游产品及产业升级缓慢等现实问题。如何推动旅游经济由总量规模扩张向质量效益提升转变，由依靠资源要素数量扩张向技术进步、管理创新实现提质增效、集约发展转变，已成为亟待解决的现实课题。在对要素结构变动、制度环境及二者交互作用影响旅游经济发展质量的内在机制进行分析基础上，基于效率、结构和环境3个维度构建并测算了旅游经济发展质量指标，并进行了实证检验，得出以下初步结论：（1）要素结构变动、制度环境分别是旅游经济发展质量提升的行动资源、保障机制；（2）代表要素结构变动的资本劳动投入比对中、东部地区旅游经济发展质量的正向作用显著，对西部地区的作用不显著，而景区禀赋对中、西部地区的作用显著，对东部地区作用不显著；（3）制度环境对旅游经济发展质量总体上具有正向促进作用，对中、东部地区作用显著，对西部地区的作用尚不显著；（4）制度环境能够调节要素结构变动的作用方向及程度，二者交互形成集成动力对各地区旅游经济发展质量均产生正向作用。

二、研究框架和研究方法

首先，对旅游经济发展质量的内涵构成、影响因素进行了文献梳理；其次，从行动资源与保障机制两个视角构建了旅游经济高质量发展的行动逻辑框架，并对要素结

构变动、制度环境及二者交互作用促进旅游经济高质量发展的机制进行了分析；再次，运用面板数据模型对理论分析进行实证检验；最后，基于理论与实证分析结论提出相应的政策建议。文章采用系统分析法、面板数据回归分析研究方法。

三、理论创新和学术价值

研究认为，旅游经济高质量发展是包括增长速度、增长效率、结构合理化、结构高度化、产业生态化、生产集约化和生态环境保护等多因素的综合过程，为此，基于效率、结构和环境三个维度构建并测算了旅游经济发展质量指标。建构并深度分析基于要素结构变动作为行动资源，制度环境作为调节因素与保障条件促进旅游经济高质量发展的行动逻辑框架，为深入推进旅游经济供给侧结构性改革，设计和优化旅游经济高质量发展路径提供了理论依据。

四、应用价值和经济、技术、社会效益

研究新时代旅游经济高质量发展的内涵及构成是什么，回答如何结合需求侧变化趋势和通过供给侧结构性改革促进旅游经济高质量发展，是本研究的学术与应用价值所在。有助于清晰理解我国旅游经济高质量发展的改革取向与实践路径，丰富了旅游经济学对主流经济学发展的学术贡献。从政策启示看，在旅游资源开发、产业规划、服务与产品设计过程中，要将要素结构升级、制度供给创新结合起来，通过"双轮驱动"进行综合决策，构筑要素禀赋与制度供给的集成动力，促进旅游经济实现高质量发展。

中国省域间旅游关注网络格局及其影响因素空间异质性分析

作　　者：徐菁，靳诚

依托单位：南京晓庄学院

成果类别：集体成果

一、研究内容

地理空间存在空间依赖，影响因素在空间上呈现出非平稳性，虚拟空间是否存在这样的关联效应和非平稳性呢？本研究以百度搜索指数为数据来源，构建旅游关注指数，建立旅游关注网络，探讨旅游关注这一虚拟网络在省域尺度的格局特征，并基于线状要素空间相互作用局部模型来分析影响因素的空间异质性。

二、研究框架和研究方法

本研究在全览相关文献基础上，提出主要研究数据和研究方法，即利用引力模型，选择 5A 级景区和世界遗产数量作为吸引指标，选择关注者所在省份的 GDP 作为推力指标，选择省会间公路距离作为距离影响指标，并选用权重矩阵对和观测值，提出基于旅游关注的泊松模型，并运用极大似然法对模型进行参数拟合，选择 AICc 值最小的带宽作为最优带宽，并将最优带宽下得到的回归模型作为解释模型。文章通过计算全年省域间旅游关注指数（2017 年 1 月 1 日到 12 月 31 日），从省、市两个尺度综合考虑旅游关注，得到省域间旅游关注网络，共 961 条路径，并统计分析网络关注指数的数值分布。而后进一步比较分析旅游关注网络在东、中、西 3 个地区的分布差异。各区的旅游关注被划分为区内部相互关注、关注区外和被区外关注 3 个子网络，计算各省旅游关注度和被关注度，并利用 Jenks 聚类法划分为 5 个等级，以此分析各省域在网络中扮演的角色。最后对影响因素的全局和局部异质性进行分析，并对景区、经济、距离作用下的异质性进行具体分析。

三、理论创新和学术价值

旅游关注是旅游虚拟空间的重要表现形式，网络关注是旅游虚拟空间分析的一个重要组成部分，是旅游相关影响要素在网络空间的真实表达，为深入理解虚拟空间中的旅游行为提供了潜在的可能。对旅游关注的深入分析，一方面，可以理解这一独特网络虚拟空间的格局特征与形成机制；另一方面，可以深入认知游客流动行为。基于地理信息系统的空间分析，特别是空间统计，提供了一套强有力的工具，能够在考虑空间依赖性和空间异质性的基础上来研究旅游空间相互作用。同时，本研究构建的线状要素空间相互作用局部分析模型，在捕获网络（流动）空间非平稳能力方面具有显著的优势，为理解旅游关注网络乃至其他类型网络（流动）的形成机制提供了一种新的可行的空间分析方法和建模思路。

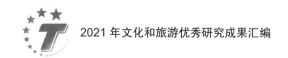
基于珠海实证的城市旅游增长极限分析框架

作　　者：梁增贤，保继刚
依托单位：中山大学
成果类别：集体成果

一、研究内容

过去的 40 年，中国旅游需求不断释放，呈现跨越式增长，人民日益增长的旅游需求与短缺的旅游供给是主要矛盾，因此，旅游供给的增量发展受到鼓励，各个旅游城市迎来了旅游大开发时期，城市旅游供给似乎可以无限做大。然而，改革开放 40 多年来，中国总体的旅游需求还在增长，旅游旺季还会出现供不应求的过度旅游现象；近年来，局部城市和部分层次的旅游产品已经呈现了供过于求现象，需求极限成为制约城市旅游增长的关键。中国城市旅游发展已经进入高质量发展阶段，会出现旅游供给超过旅游需求的现象。业界和学界都需要一种理解和判断城市旅游供给过剩的理论和方法。本研究以珠海为例，试图定义和分析城市旅游供给超过旅游需求的现象，并建立了城市旅游增长极限的系统分析框架，提出了日均客房出租量等判断指标。

二、研究框架和研究方法

本研究首先构建城市旅游增长极限的系统分析框架，并通过珠海的案例研究，提出一种可行的方案以判断城市旅游供给侧的增长极限，为各城市旅游投资和开发提供指导。本研究使用的数据主要来自公开发布的城市和旅游官方统计数据。

三、理论创新和学术价值

本研究主要取得以下理论创新和学术价值：

第一，提出了过度旅游化以定义城市旅游供给超过旅游需求的现象，表现为3种情形：一是城市旅游总体供过于求，旅游企业出现普遍长期亏损；二是城市旅游出现结构性供过于求，局部地区或部分层次的旅游产品缺乏持续规模市场；三是城市旅游开发占用过多城市旅游资源（如土地），影响其他产业发展，并引发地方企业甚至居民的反感。其中，前两种情形最为常见，一些城市甚至可能同时存在多种情形。

第二，建立了城市旅游增长极限的系统分析框架，指出判断城市过度旅游化的关键在于评估旅游需求极限。需求极限主要受潜在市场人口规模（主要是常住人口）、闲暇时间和可支配收入等长期因素影响，在一定时期内是相对稳定的，因此，在一定时期内，每个城市的旅游需求增长也是有极限的，决定了城市在一定时期内适合开发的景区、酒店、餐饮、购物等旅游设施规模。

第三，建议了日均客房出租量等判断指标。案例研究表明，日均客房出租量对判断星级饭店需求极限是有效的，但不是唯一的，还可以有其他指标。发展一套科学系统的指标体系用以判断城市旅游增长极限，不仅有赖于未来的深入研究，更需要科学可靠的统计数据为基础。

四、应用价值和经济、技术、社会效益

本研究结论对指导未来中国城市旅游发展具有显著的应用价值：

第一，研究指出城市旅游并非无极限增长，城市执政者和规划者要意识到城市旅游增长的阶段性界限。城市旅游是城市的一个开放的、高流动的子系统，在一定时期内是相对稳定，有增长极限的，受供给和需求两方面极限的制约。当旅游需求超过供给时，出现过度旅游；而当供给超过需求，就会导致过度旅游化。城市旅游需求增长极限呈现阶梯式，只有当影响城市旅游需求增长的长期因素发生持续重大变化时，城市旅游增长才可能突破原有的极限，进入一个新的阶段。

第二，应用本研究提出的判断城市旅游增长极限的指标，城市执政者和规划者很容易判断城市是否过度旅游化。事实上，近年来一些城市确实存在城市旅游供给过剩的现象，一些企业暂停或取消了原有的投资计划，甚至将已购买的土地退回政府。然而，这种事后的反应成本过高，资源浪费过大。本研究提出的判断指标，将能够帮助城市减少不必要的投资和浪费。

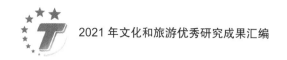

生活、场景、内容

——苏州地方戏曲、曲艺与旅游融合发展的理论逻辑与实践探索

作　　者：周晓薇
依托单位：苏州市文艺创作中心
成果类别：个人成果

一、研究内容

该成果是对苏州地方戏曲、曲艺的合理开发利用的整体性研究，在梳理政策背景和现实条件的基础上，从生活、场景、内容三个维度对苏州地方戏曲、曲艺与旅游融合发展的理论逻辑和实践探索进行阐述，并对未来发展提出了思考和建议。

二、研究框架和研究方法

（一）苏州地方戏曲、曲艺与旅游融合的现实基础

成果运用田野调查、定量研究等多种方法，通过对苏州地方戏曲剧种、评弹书场普查情况进行数据分析，展示了苏州地方戏曲、曲艺的基本情况。

（二）地方戏曲、曲艺与旅游融合的理论逻辑

通过多种方式搜集资料，对文旅融合下苏州地方戏曲、曲艺的传播、传承、保护、

利用进行深入的整体性研究。在资料分析的基础上,将戏曲、曲艺文化与旅游的融合点高度抽象为生活、场景、内容三个维度并进行具体阐释。

(三)苏州地方戏曲、曲艺与旅游融合的实践路径

从生活、场景、内容三个维度,对苏州地方戏曲、曲艺与旅游融合发展的现有实践及可参照的路径加以阐述,提出"艺术生活化、生活艺术化""场景多样化、演艺集聚化""思维创意化、内容 IP 化"的实践路径。

(四)苏州地方戏曲、曲艺与旅游融合的探索展望

综合现实基础、产业实践和政策导向,文章提出以下对策建议:一是产品供给分层分类;二是资料开发以热带冷;三是创新合作参与机制;四是建议建立旅游演艺人才库;五是建议激活公共文化消费存量;六是协调地方戏曲、曲艺等非遗原真性保护与旅游体验开发之间的关系。

三、理论创新和学术价值

该成果将戏曲、曲艺文化与旅游的融合点高度抽象为生活、场景、内容三个维度,并从这三个维度对戏曲、曲艺文化与旅游融合的理论逻辑和实践探索进行具体阐述,建构了具有普遍意义的思维框架,有一定的理论创新和学术价值。

四、应用价值和经济、技术、社会效益

该成果在推动地方戏曲、曲艺传承发展,促进文旅融合两方面提供新的解读视角和决策参考,有较高的应用价值。

我国旅游企业管理研究：理论与实践融合下的情境化理论构建

作　　者：李彬，哀佳
依托单位：北京第二外国语学院
成果类别：集体成果

一、研究内容

新时代我国旅游企业管理实践不断丰富发展，然而近五年这一研究领域现状并未与实践相适应，且没有提出较为系统的理论框架。

第一，对 CSSCI 期刊中相关文章进行文献分析，发现文章数量在近五年呈现下降趋势，并在研究主题的集中度、深入度与前沿实践关联性存在不足。

第二，以 2018 年"旅游企业管理专题研讨会"为案例分析对象，对专家发言内容进行文本分析，在酒店、民宿、旅行社运营管理、战略管理、技术应用、创新创业等方面归纳出前沿议题。同时将这些议题与文献分析出的主题进行对比分析，发现近几年文献研究主题与实践议题存在"脱节"与"不匹配"问题。

第三，提出一个"跨层次、横纵交叉"研究框架。"跨层次"是指围绕旅游企业这一中观层次，可以向上延伸到旅游产业和其他关联产业，以及旅游目的地和客源地的政治、经济、社会、文化等宏观层次；向下延伸到旅游企业中的管理者、员工、旅游者的行为的微观层次，进而可以进行跨层次研究。"横纵交叉"是针对旅游企业这个层次，从纵向管理学中各细分领域与横向旅游细分业态（旅游学）两个维度的交叉领域进行研究，既可以在管理学细分理论方面进行"深挖"，也可以对各类旅游企业研究进行拓展。

第四，提出情境化是构建旅游企业管理理论的重要方式。从"成熟理论、新兴理论、已知现象和新现象"这一四维度框架，结合不同类型情境化特征来阐释旅游企业管理理论构建的策略。

二、研究框架和研究方法

第一，针对理论与实践是否匹配问题，通过文献分析法对 CSSCI 期刊中旅游企业管理研究的现状进行分析；并采用质性研究方法，对一个与本文主题一致的学术会议中专家发言进行内容分析，进而进行对比分析。第二，针对理论体系构建问题，本文提出一个"跨层次、横纵交叉"研究框架，指出需要在"交叉点"进行跨层次研究，进而提出通过情境化方式，根据不同类型情境化特征来进行理论构建（图1）。

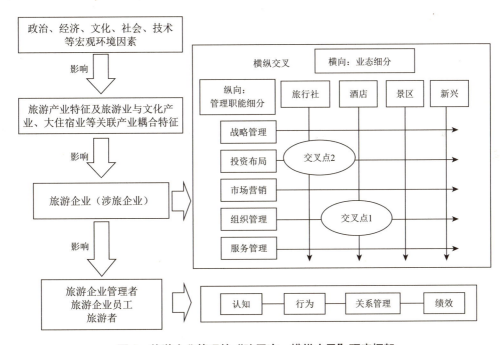

图1　旅游企业管理的"跨层次、横纵交叉"研究框架

三、理论创新和学术价值

本研究是我国旅游企业管理研究的阶段性总结，为学术共同体提供理论构建的思路与策略。

第一，本研究对文献与实践议题的分析，为基于实践导向的旅游企业管理理论构建提供了研究基础。第二，本研究提出的研究框架和情境化理论构建策略，为理论构建提供了一个"整合式创新"新视角，并为这一研究领域融入主流工商管理研究、突出自身特色提供了思路和方向。

四、应用价值和经济、技术、社会效益

第一，本研究提出的研究框架和情境化理论构建策略，可以为旅游企业管理学术共同体的发展、研究范式改善给出借鉴，提出的前沿议题也为学者提供一个实践导向的研究指南。第二，本研究总结出的前沿议题可以为旅游企业家和管理者提供一定借鉴。

游客感知的旅游市场秩序测量：量表开发与有效性验证

作　　者：刘亦雪，姚延波，范雪丰
依托单位：上海师范大学
成果类别：集体成果

一、研究内容

　　旅游市场秩序作为一个抽象的学术概念，属于典型的中国语境下的阐述，概念的操作化和测量是旅游市场秩序理论建构的重要组成部分，也是后续构建旅游市场秩序评价指数以及规范旅游市场秩序的基础。本研究扎根我国旅游业实践，界定了旅游市场秩序的概念，从游客视角探究了其构成维度，采用量表编制程序开发了游客感知的旅游市场秩序测量量表。（1）具体采用程序化扎根理论探索游客旅游中所关心的影响旅游体验的旅游市场秩序相关条目，包括影响旅游体验的违法违规方面和扰乱旅游市场秩序的非道德方面，同时重点探究已有法律法规对游客旅游中关心条目的规定，识别出了游客感知的旅游市场秩序结构维度：制度环境、旅游信息合规、旅游合同合规、旅游合同履行、旅游反馈处理。（2）基于维度模型，本研究采取了"情景化"的量表开发方式，也遵循了"去情景化"的原则以降低文化背景因素的影响，开发了基于中国旅游情景的旅游市场秩序测量量表，构建了旅游市场秩序的理论框架，为我国的旅游市场治理提供了理论指导，也为其他国家和地区的旅游市场监管提供了中国经验。

二、研究框架和研究方法

旅游卫星账户中将旅游业界定为一系列为旅游者提供或多或少依赖旅游业的商品和服务，旅游业的规模由消费者（旅游者）的消费所决定（Frechtling，1999，2010；Smeral，2006）。根据哈耶克（1952）"感知的秩序"理论，秩序的有序与否在于人心智对感觉的排序，秩序是可被感知的，旅游者作为旅游市场交易的客体参与了整个市场的交易过程，是旅游市场秩序最直接的评判者；另外，旅游经营主体是否规范经营，旅游监管主体是否对管辖区旅游市场秩序进行了有效监管，均依赖于旅游者以实际体验对旅游全过程的感知，因此，本研究第一部分采用程序化扎根理论的质性研究方法构建了游客感知的旅游市场秩序维度模型。第二部分将游客感知的旅游市场秩序进一步操作化，研究遵循了 Churchill（1979）提出的编制程序，同时综合了德维利斯（2010）、梁建和樊景立（2012）提出的量表编制指南，开发了游客感知的旅游市场秩序测量量表。

三、理论创新和学术价值

研究的理论创新和学术价值在于：第一，旅游市场秩序是在一定制度环境下，旅游市场各主体围绕旅游活动形成的对市场制度和规则的建构演进过程及运行状态；识别了游客感知的旅游市场秩序维度，将操作层面的旅游市场秩序概念赋予了科学内涵和理论逻辑。第二，研究采用国内国际普遍采用的量表编制程序，开发了游客感知的旅游市场秩序测量量表（表1），测量量表本身也是理论建构的一部分，为科学和有效地测量旅游市场秩序提供了工具，进一步完善旅游市场秩序的理论框架。

表 1　游客感知的旅游市场秩序测量量表

维度	题项	题项来源
旅游信息合规	旅游信息是公开透明的	访谈的内容分析（CAI）
	旅游信息是真实的	CAI，姚延波等（2017），旅游法第 32、48 条（SCNPC，2018），消费者权益保护法第 20 条（SCNPC，2013），广告法第 3 条（SCNPC，2018）
	无误导性的旅游信息	CAI，旅游法第 32、97 条（SCNPC，2018），消费者权益保护法第 20 条（SCNPC，2013），反不正当竞争法第 5、21、24 条（SCNPC，2019）
	旅游信息不违反法律法规	姚延波等（2017）

续表

维度	题项	题项来源
旅游合同合规	旅游合同中明确说明了所含产品项目	CAI，旅游法第58条（SCNPC，2018），合同法第12条（SCNPC，1999），消费者权益保护法第26条（SCNPC，2013）
	旅游合同中明确说明了自费项目	CAI，合同法第12条（SCNPC，1999），消费者权益保护法第26条（SCNPC，2013）
	旅游产品是明码标价的	CAI，合同法第12条（SCNPC，1999），消费者权益保护法第26条（SCNPC，2013），价格法第13、42条（SCNPC，1997）
旅游合同履行	旅游企业提供的旅游产品与合同是一致的	CAI，旅游法第9条（SCNPC，2018），合同法第111、148、153、154、155条（SCNPC，1999），消费者权益保护法第23、24条（SCNPC，2013）
	旅游企业或服务人员不擅自中止服务活动	CAI，旅游法第41、69、10条（SCNPC，2018），合同法第8条（SCNPC，1999）
	旅游企业或服务人员无强制游客消费的行为	CAI，旅游法第9、41条（SCNPC，2018），消费者权益保护法第10、16条（SCNPC，2013）
	旅游企业或服务人员不欺诈游客	CAI，旅游法第35、41、98条（SCNPC，2018），合同法第52、54、113条（SCNPC，1999）
旅游者反馈处理	旅游投诉反馈渠道是通畅的	CAI，李健仪等（2016），旅游法第91条（SCNPC，2018）
	旅游企业能够依法快速解决我的投诉	CAI，李健仪等（2016）
	监管部门能够对我的投诉迅速做出反馈	CAI，李健仪等（2016），旅游法第88、89条（SCNPC，2018），消费者权益保护法第35条（SCNPC，2013）
	监管部门能够依法快速解决我的投诉	CAI，李健仪等（2016）；Drahos（2017）
制度环境	旅游行业的市场交易是公平公正的	CAI
	保护旅游者的相关法律法规是完善的	CAI
	规范旅游市场运行的相关制度是健全的	Gefen（2003）
	监管部门确保旅游市场是规范有序的	CAI
	监管部门注重旅游者权益的保护	McKnight（2002）

注：访谈的内容分析（content analysis of interviews，CAI），全国人民代表大会常务委员会（Standing Committee of the National People's Congress，SCNPC）

四、应用价值和经济、技术、社会效益

    概念是一个领域深入研究的基础。本研究采用程序式扎根理论的探索性研究方法，构建了游客感知的旅游市场秩序理论框架，研究成果不仅可以为旅游市场监管主体的制度供给和旅游市场秩序治理提供理论指导，还可帮助其了解旅游市场秩序所处的状况，获得利益相关者视角下的旅游市场秩序相关信息，指导旅游市场监管主体明确监管重点、采取相应的治理措施更有效地维持和改进秩序，从根源上解决旅游市场秩序失范问题。

如何从共毁走向共生？

——定制化旅游价值共毁和价值恢复对口碑传播的影响

作　　者：谢礼珊，刘欣，郭伊琪，黎冬梅
依托单位：中山大学
成果类别：集体成果

一、研究内容

　　研究以定制游为研究情境，基于价值共创的负面视角，探讨价值共毁的作用机制和边界条件。研究的主要内容包括两个方面：一是在明确定制游特征属性的基础上，探究价值共毁的类型和诱发机制；二是进一步探索价值共毁对口碑传播的影响机制。

二、研究框架和研究方法

　　研究依托资源保存理论和服务主导逻辑为理论框架，采用定性和定量相结合的混合方法：首先通过定性访谈，探索性地识别定制化旅游的特征属性以及价值共毁的形成机制（图1），其次通过实验法，进一步验证预设的调节中介模型（图2），探讨定制游服务价值共毁与口碑之间的内部影响机制和价值干预措施。

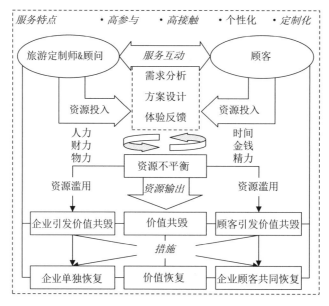

图 1   定制化旅游服务情境下价值共毁的作用机理图

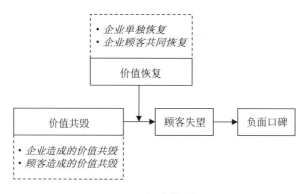

图 2   概念模型

三、理论创新和学术价值

本文在研究情境、问题和理论的选择上具有一定的创新意义和学术价值。首先，在话题情境上，本文聚焦了消费升级背景下增速发展最快的定制化旅游产业。区别于以往政策评析类的论文，开创性地围绕定制游进行了实证研究和思考，为未来定制游的研究进程和理论创新奠定了基础。

其次，在问题视角上，目前的旅游服务研究多数将关注点聚焦到价值共创，但现实中大量的行业现象让学界辩证性思考：价值共创并非总是成功的，共毁的阴暗效应易被学界忽视，尤其在接触和参与程度较高的定制游中更为凸显。本文为首篇探讨定制游价值共毁问题的实证论文，也是国内旅游与服务营销中第一个围绕价值共毁话题展开实证探索的研究。

最后，在理论应用上，本研究创新地借用组织领域中的经典理论——资源保存理论，探究价值恢复措施的干预方案，此理论基础指导本文发现了如何由共毁到共生的反转路径，也为未来旅游研究理论的应用选取提供了参考价值。

四、应用价值和经济、技术、社会效益

"十四五"规划中提及培育新型消费，注重消费品质。随着消费升级，定制游在飞速发展的同时，也暴露出许多的威胁挑战，责任纠纷、服务投诉、企业权益受损等问题成为限制市场发展的壁垒。价值共创与共毁的辩证性思考在一定程度上为上述定制游市场的繁杂问题提供了实践启示。旅游情境下价值共毁的发生意味着没有真正的赢家，利益相关者都会遭受重创。本研究对参与主体之间在利益、责任和资源的分配上如何平衡实现，给出了实证证据和答案。如何共同维系旅游服务的市场秩序，共建优质的服务质量，实现多方共赢，文章从共毁—共创的转换路径给出了实施方案。

习近平总书记指出"人民对美好生活的追求向往，就是我们奋斗的方向"。随着可支配收入的增加和消费需求的改变，定制游逐渐成为社会大众追逐幸福、体验快乐的消遣方式之一。文章选择定制游共创价值创造与毁灭的话题，一定程度上折射出对民生福祉和幸福感的关注。在论文中，研究对定制化旅游从共毁到共创的技术干预，可被视作对人、企业以及政府共赢合作路径实现的有效探索，更是对改善人民生活品质的深度思考。本文对定制游的讨论，为旅游新消费的健康平衡发展提供创新思路，进一步为国家优化消费结构，促进国内消费循环的改革建设提供绵薄贡献和意义。

专著类

——一等奖

特色村寨建设中民族文化资源开发补偿研究

作　者：李军
依托单位：凯里学院
成果类别：个人成果

一、研究内容

（一）论述了在特色村寨建设中进行民族文化资源开发补偿的必要性和合理性

基于民族文化资源开发补偿的学理支撑不足，本研究从补偿的主体、客体及社会等方面进行深入阐释。从"人"的主体视角看，特色村寨中的"人"具有特殊的价值属性，因为少数民族群众是民族文化的创造者、传承者及文化资本的再生产者；从民族文化资源的客体视角看，民族文化资源具有特殊的经济价值和人文价值；从文化资源开发的社会视角看，补偿是为了弥补或减少负外部性影响。上述三维视角回答了民族文化资源开发补偿的必要性和合理性。

（二）梳理了特色村寨建设中民族文化资源开发补偿存在的问题及原因

在特色村寨民族文化资源开发过程中，虽然开发商、政府及其他社会组织对民族文化资源所有者采取了一定的补偿措施，但同时存在一系列问题：从直接补偿看，村寨村民的受益程度不大，具体表现为补偿比例不高、补偿忽略地段要素、补偿忽略文化贡献要素等；从间接补偿看，补偿力度不大且效果不明显，具体表现为社区参与形式化、产业联动效应不强、村民内生发展能力不足；从社会补偿看，第三方社会性非政府组织补偿缺位。存在上述问题的原因在于文化主体话语权失衡、民族文化资源产权法律模糊、文化资源价值评估障碍及社区参与制度障碍。

（三）提出了特色村寨建设中民族文化资源开发补偿具体实现的路径

在分析民族文化资源开发补偿存在问题的基础上提出了输血式与造血式相结合的补偿路径。两种补偿方式相互联系，相互促进，共同构成特色村寨建设中民族文化资源开发补偿路径的宏观体系。

（四）完善了特色村寨建设中民族文化资源开发补偿实现的保障措施

要确保特色村寨建设中民族文化资源开发补偿的顺利实现，就需要采取一系列保障措施。首先，要建立以明晰权责为中心的基础保障，主要包括政府、开发商、村委会等在民族文化资源开发补偿中的权责；其次，推进以健全制度为中心的重要保障，包括健全参与、监督、组织等制度；最后，坚持以完善法律为中心的核心保障，主要包括推进民族文化资源开发补偿的立法工作及提高村寨村民文化权利的法制意识。

二、研究框架和研究方法

（一）研究方法

为了使本研究论据充分，条理清晰，结论可靠，采用了如下研究方法：

1. 系统分析与类比分析

本研究运用系统分析法构建特色村寨中民族文化资源开发补偿机制。整个机制的运行是一个系统工程，每个系统内部诸要素之间是相互联系和影响的，整个补偿机制的运行离不开各要素之间的密切配合。同时，民族文化资源开发补偿是一个崭新的课题，在研究中借鉴与之相关的研究内容，如生态补偿等，采用类比法对民族文化资源开发补偿进行深入研究。

2. 田野调查法

笔者先后三次到大水井村寨、西江苗寨进行田野调查；先后四次为期两个月在新河村、夹壁村蹲点调查；为了进一步获得有关民族文化资源开发补偿的一手资料，先后到广西、四川、云南、贵州等区域进行田野调查。

3. 规范分析与实证分析

本研究需要回答四个核心问题，即为什么要补偿，补偿的标准，谁来补偿及补偿路径，这些需要在研究中严密论证，属于规范分析；此外，本研究要建立相应的数学模型，进行数值模拟、数据分析、经验检验和实证分析，这就确保了研究结果的科学性与严谨性，得到令人信服的结论。

4. 跨学科方法

本研究采用了跨学科研究方法，在回答了为什么要进行民族文化资源开发补偿时需要综合运用产权、社区参与、利益相关者等理论来分析；在分析补偿路径时则用了外部性理论；在分析谁来补偿的问题时用需求层次理论、共生理论。

（二）研究框架

全书共五章，主要框架如下：

第一章，特色村寨建设中民族文化资源开发补偿的必要性。该部分主要从补偿的主体原因（人的价值属性）、补偿的客体原因（民族文化资源价值属性）、补偿的社会原因（弥补负外部性）等方面展开论述。

第二章，特色村寨建设中民族文化资源开发补偿存在的问题及原因。该部分主要包括：其一，介绍了不同主体及主体关系；其二，分析了补偿存在的问题，该部分主要从直接补偿（受益不大）、间接补偿（力度不够）、社会补偿（近乎为零）等方面开展论述；其三，剖析了存在上述补偿问题的原因，该部分主要从文化主体话语权、民族文化资源产权、文化资源价值评估、社区参与制度等方面解析其成因。

第三章，特色村寨建设中民族文化资源开发补偿的方式。该部分重点论述了输血式与造血式两种补偿方式，其中输血式补偿包括以文化产权为核心的入股补偿、正外部性补偿、负外部性补偿；而造血式补偿包括政策性补偿、就业补偿、智力补偿、产业联动补偿等方式。

第四章，特色村寨建设中民族文化资源开发补偿的保障措施。该部分主要从明确权责（政府、开发商、村委会、村民等主体权责）、健全制度（参与、监督、组织制度等）、完善法律（推进补偿立法工作与提高村民法制意识）等方面提出相应的保障措施。

第五章，主要结论。根据上述研究内容构建了一套可操作性的补偿机制。在该机制中，首先，补偿主体是多元的，要区分政府、社会非营利性组织、企业各自的补偿范围；其次，补偿路径是多元的，所有的补偿路径瞄准民族文化资源的所有者——村寨或村民，补偿路径分为输血式补偿和造血式补偿。

该补偿机制的正常运行需要五个核心支点。一是整个补偿机制的构建要以村寨民族文化资源可持续利用为导向，最终实现以村民为核心的特色村寨文化、经济、生态、社会可持续发展；二是在特色村寨利益分配时要以村民受益为核心，只有村民从自身文化资源开发中受益，才会自觉参与文化保护与传承，民族文化资源的持续利用才能得以为继；三是开发补偿主体要以企业为核心，企业是市场主体，补偿是由企业的开发行为引起的，且补偿的实现最终要靠企业的发展做保障；四是民族文化资源开发补偿方式要以造血为核心，造血既是手段也是目的，村民是村寨的主人，村寨的发展最终要靠村民的内生发展能力，在具体的造血式补偿中要以产业联动补偿为核心，产业是村寨经济发展的火车头，只有当村民成为产业链条中的一环，才能从根本上解决村民的生计问题。五是补偿保障要以法律制度为核心。当村民的合法权益受到侵害时必须寻求法律的支持和保护，因为法律的强制性特征是村寨群众维护自身文化权益的有力武器。

三、理论创新和学术价值

本研究的理论创新在于提出了特色村寨建设中民族文化资源开发补偿的学术命题，并从补偿的必要性、补偿面临的问题及成因、补偿的方式、补偿的保障等方面构建了一套完整的、科学的、具有可操作性的补偿机制，这为特色村寨建设中民族文化资源开发补偿提供了理论指导。

从学术价值看，本研究涉及民族学、法学、经济学、管理学、社会学等学科知识，有利于多学科的交叉融合；同时可以丰富和完善少数民族社区参与及民族文化保护传承的相关理论、增进民族团结与增强群众文化自信。

四、应用价值和经济、技术、社会效益

从应用价值看，本研究不仅对民族地区特色村寨文化资源开发补偿具有重要的指导作用，而且有利于推进民族文化保护传承、增加民族群众收入、促进不同主体和谐共生；此外，对现阶段巩固脱贫攻坚成果、实现共同富裕、推进村落振兴具有极其重要的实践价值。

旅游社区的社会空间再生产

作　　者：孙九霞，张士琴，张皙，周一，邓小辉，马涛，刘国果
依托单位：中山大学
成果类别：集体成果

一、研究内容

　　旅游发展中社区社会空间再生产是多利益群体关系中的复杂研究，是我国社会空间再生产的缩影。本研究是对旅游社区社会空间生产研究所进行的一次系统梳理和论述，按照"研究准备—案例演绎—归纳总结"的总体思路，在厘清社会空间生产相关概念内涵的基础上，客观研判社会空间理论的研究现状、应用范畴与研究进路，提出加强旅游社区社会空间生产研究的必要性；从微观的视角出发，以社会空间生产过程为研究对象，结合多案例对比分析，着力探讨旅游发展下社区社会空间再生产的类型、特征及过程，从空间表征、表征空间和空间实践三个维度对社区旅游发展过程中的空间再生产内容展开分析，从共时性和历时性的角度比较不同因素影响下空间再生产的差异，以建构旅游社区的社会空间再生产机制；最后基于社会空间视野展开社区旅游乃至社区发展的理论探讨，从而为社区旅游与社区发展提供决策依据。

　　本研究分为三大部分，共九章，主要内容如下：

　　第一部分：研究准备

　　该部分包括两章。首先，阐释了本研究的时代背景、研究对象、研究方法、研究内容；其次，说明了本研究所触及的主要理论"社会空间理论"和"空间""社会空间""空间生产"等重要概念，梳理社会空间生产研究的理论脉络及列斐伏尔、德塞图等人的经典理论，引出研究问题。

第二部分：案例演绎

该部分包括六章。此部分为本研究的核心成果，选取海南三亚回族村、云南西双版纳傣族园社区、广东开平碉楼与村落、广西桂林龙脊梯田景区平安寨、云南丽江古城区、广州荔枝湾社区6个案例地作为调研对象，分别从"民族社区社会空间生产的过程与表征""民族旅游社区的交往空间再生产""遗产旅游社区的日常生活空间再生产""家庭旅馆中的社会行为与空间互动""族群文化空间的去地方化与再地方化"和"亚运会背景下的城市社区空间再生产"6个方面展开探讨。

（1）民族社区社会空间生产的过程与表征

选取海南岛唯一的回族聚居区——三亚回族村为研究对象，通过建构理论分析框架，厘清了三亚回族社区旅游发展过程中的社会空间生产过程与表征。研究发现：旅游以生产方式变革为起点，推动了三亚回族社区的空间生产过程，其生产空间、游憩空间与生活空间通过社区建筑景观实践、政府规划与控制等权力话语、宗教文化的内生性力量实现了彼此间的循环与联系，经历了从分离到融合的独特生产过程。

（2）民族旅游社区的交往空间再生产

选取团队积累了十余年田野经验的典型案例——西双版纳傣族园为研究对象，挖掘旅游社区交往空间的变迁特征、层次、影响因素、过程和结果。研究发现：傣族园社区交往空间是多维度、多层次的，存在于不同的空间性质、交往层级和互动关系中；实践基础与民族特性是主要的影响因素，内部原生文化的张力和外部现代管理文化的强势插入形成了两股力量的对冲与平衡，最终造成交往结构的拉伸与潜在空间格局的重构。

（3）遗产旅游社区的日常生活空间再生产

选取世界文化遗产"开平碉楼与村落"核心区马降龙村为研究对象，关注空间演化中居民与日常生活的力量，探讨了旅游社区空间再生产的现象与特征。研究发现：在马降龙村空间再生产的过程中，居民采取嵌入、抵制、进攻性抵制、反噬、再生等行动策略夺回了部分空间秩序改写的权力，体现出日常生活的创造性，验证了列斐伏尔与德塞图对日常生活积极性的判断，呈现出以本土化的实证研究进行理论阐释与补充的意义。

（4）家庭旅馆中的社会行为与空间互动

选取平安寨的家庭旅馆为研究对象，结合戈特迪纳的"社会空间视角"，探讨了旅游社区家庭旅馆的空间实践与空间使用者之间的互动关系。研究发现：旅游发展背景下旅馆物质空间变迁极大地改变了平安寨的社区空间、居民生活方式和价值观念；家庭旅馆空间实践和行为互动的连续双向作用过程体现出一种社会空间的辩证法，即家庭旅馆空间为社会行为互动提供了活动场景，活动场景又成为限定互动情境性的重要因素。

（5）族群文化空间的去地方化与再地方化

选取丽江市古城区内三个纳西族村落（新华社区、义尚社区和现云村）的族群文化为研究对象，采用人类学"去地方化"和"再地方化"的概念作为理论工具，探讨了族群文化空间再生产问题。研究发现：现代化和旅游是社区族群文化去地方化和再地方化的外部力量；游客、社区居民、政府、外来经营者等各利益主体的选择形成内部动因。

（6）亚运会背景下的城市社区空间再生产

选取受到 2010 年广州亚运会大型事件及旧城更新改造双重影响的广州荔枝湾社区为研究对象，探讨了荔枝湾社区的空间生产过程，并试图揭示其中隐含的政治与文化意义。研究发现：大型事件推动下的空间生产具有急剧性的特征；政府占据主导地位，并将其转变为"为人民办实事的意识形态"的示范工程；文化作为空间生产的策略，增加了城市发展的象征经济资本；各空间使用者基于利益出发解读空间的意义，并进行再生产。

第三部分：归纳总结

该部分包括一章。围绕旅游推动下社区生活空间再生产的表征与实质，旅游空间生产主体、过程及结果等内容展开探讨，并强调未来旅游社区社会空间生产研究需要注重跨国与中西方的比较、国内跨地域与跨族群文化的比较，指出了进一步的研究方向。

二、研究框架和研究方法

（一）研究框架

本研究围绕旅游社区的社会空间生产与再生产总体问题，首先，从社会空间生产的基本概念入手，着重梳理空间生产理论的发展脉络及经典理论；其次，结合多案例的对比分析，横向从六类旅游社区社会空间，纵向从物质、社会文化、精神信仰等多个层面来分析不同文化背景下、不同类型旅游社区的社会空间生产过程、特征与机制；最后，思考旅游社区社会空间生产的特点及本质，并从跨文化比较的空间生产视角探讨新的研究方向，为空间生产研究提供新的理论点，深化人们对空间生产理论及旅游影响研究的认识和把握。

（二）研究方法

本研究采用实证研究与规范研究、归纳和演绎相结合的逻辑思路，尝试向跨学科和后学科的研究范式转变，以问题为导向，运用新方法、新技术对复杂的旅游现象进行研究。主要方法包括：

（1）多案例比较法。本研究通过多案例比较，横向上从旅游社区的社会空间、交往空间、日常生活空间、族群文化空间、家庭旅馆空间、城市社区空间六种类型，纵向上从物质、社会文化、精神信仰等多个层面展开分析；并结合十多年的旅游社区研究和田野实践经验，根据案例的典型性、类型化和可进入程度选取海南三亚回族村、云南西双版纳傣族园社区、广东开平碉楼与村落、广西桂林龙脊梯田景区平安寨、云南丽江古城区、广州荔枝湾社区6个具体对象，对比分析不同文化背景、不同类型旅游社区的社会空间再生产过程、特征与机制。

（2）深入访谈法和观察法。通过结构式和半结构式的深入访谈、参与式和非参与式的观察法，结合长期跟踪和定期回访，获取旅游社区中实践主体的行为和认知资料和旅游社区经营生产等客观信息。

（3）录像技术和影像方法。本研究运用影视人类学的录像技术和影像方法对旅游社区中的要素进行拍摄，更为全面和系统地记录、收集有用的可视化资料和信息。例如，课题组在开平碉楼的调研中，了解民居、碉楼、田地、旅游设施等空间要素的分布情况，同时拍摄照片记录场景，获得大量有研究价值的照片和影像资料。

（4）归纳分析法。本研究通过归纳总结和理论解释，调研与研究对象互动、理论分析与个案互动，扩大对研究问题的理解，在对旅游社区社会空间生产与再生产的相关现象进行深层次描述和理解的同时，揭示旅游发展进程中所激生的空间生产现象和规律，为理论的运用提供实践参考。

三、理论创新和学术价值

（1）本研究运用跨学科的研究方法，系统收集丰富的一手数据，并进行深入分析，为空间再生产研究及旅游研究提供典型的中国经验，总结出中国旅游社区社会空间再生产的特点。

（2）通过扎实的案例地调研及对多个案例地的空间生产内容、过程的对比分析，梳理出旅游发展过程中社区社会空间再生产的主要影响因素，建构旅游发展背景下社会空间的重构与再生产机制，为空间再生产理论研究提供新的理论点。

（3）从空间再生产理论视角出发，研究旅游发展背景下目的地社区的社会空间再生产与一般现代化背景下的社区社会空间再生产的不同之处，总结旅游发展对社区社会空间的影响机制与结果，丰富旅游影响研究。

四、应用价值和经济、技术、社会效益

（1）本研究寻找影响旅游社区社会空间再生产的关键因素和机制，为更好地传承和保护少数民族社区文化、合理利用物质空间、提高居民生活质量提供政策制定的参考依据。

（2）探究影响社会空间生产中各实践主体参与空间生产的差异的因素，寻找社区有效参与旅游发展、旅游发展中实现社区空间公正的真正途径，为在旅游社区创建"和谐社会"提供理论指导。

（3）厘清旅游作用下社区各类空间（如生活、生产空间与游客旅游空间）的关系，为我国旅游社区提出可持续发展策略。

（4）旅游发展中社区社会空间再生产是多利益群体关系中的复杂研究，是我国社会空间再生产的缩影，本研究关于空间再生产模式和机制的研究将为我国社会转型期的社区发展提供政策参考。

专著类

——二等奖

国际旅游交流发展探索

作　　者：杨劲松

依托单位：中国旅游研究院（文化和旅游部数据中心）

成果类别：个人成果

一、研究内容

第一章是国际旅游交流合作概述。这一章初步定义了国际旅游交流与国际旅游合作，阐释对国际旅游交流与国际旅游合作的简单思考。

国际旅游交流是指跨过国家或地区边界的旅游人员互动和信息互换的过程。交流双方或多方通过人员交往和信息传递交换，在沟通交流和信息流动传播的过程中把彼此间自己拥有的资源提供给对方，这种过程既是意识的，也是物质的。

国际旅游合作是指国际行为主体之间基于相互利益的基本一致或部分一致，而在旅游领域中所进行的政策协调行为。国际旅游合作的基础在于相关参与主体相互利益的基本一致或部分一致。正是由于利益的重合或部分重合，才造就了国际旅游合作的现实基础，在对立和冲突中追求妥协和协调。为了保障共同利益的实现，国家需要对本国制定的合作政策进行调整，以使其和其他国家的政策兼容。国际旅游合作问题一般涉及范围、目标、形式、领域和如何形成等。分析了国际旅游交流与国际旅游合作的关系，并且简要回顾了我国国际旅游交流合作的历程，阐释了国际旅游交流合作的意义和成就。

第二章分析了入境和出境旅游发展。这一章观察、分析和展望了我国入境和出境旅游的发展，梳理了其发展概况、特征和政策行动。在入境旅游发展部分，从入境目的地建设、疫情背景下的应对和入境细分市场开发等角度进行了专题阐释；在出境旅游发展部分，从出境旅游发展概况、大众时代的出境旅游、出境旅游的新时代发展以及出境旅游的资源整合渐次展开分析。

第三章是重要机制框架下的旅游合作。这一章分析了 G20 框架下的旅游交流合作、APEC 框架下的旅游交流合作、上合组织框架下的旅游交流合作和金砖机制下的旅游交流合作等重要机制对我国国际旅游合作的影响。分析了我国在这些机制下的合作现状和未来优化的路径。

第四章是多双边旅游交流合作。这一章分析了中日韩旅游交流合作、与东盟国家的旅游交流合作、与太平洋岛国的旅游交流合作、与俄罗斯的旅游交流合作和尼泊尔的旅游交流合作。分析了当前合作形势、合作条件，并且提出了未来提升交流合作的建议。

第五章是边境旅游合作。这一章开展了政策创新探索。分析了开展边境旅游的基本环境和影响其发展的障碍因素，系统梳理了边境旅游和边境旅游目的地建设的演进过程，探讨了跨境旅游合作区和边境旅游试验区建设的进程，分析了免税业在边境旅游中的机遇和未来布局。并提出了边境旅游目的地的建设思路，提出边境旅游发展需要动力集成，对我国边境旅游富安站的前景进行了展望。

第六章是"一带一路"的旅游交流合作。这一章系统梳理了发展现状及合作成果，分析了"一带一路"沿线国家的旅游往来，总结分析了当前我国与沿线国家旅游交流合作成果。分析"一带一路"的签证便利化状况。最后提出了有针对性的建议。

第七章是双向旅游投资。这一章分析了我国与国外投资交流合作的机会与挑战，分析了旅游投资的主要热点和痛点，并且提出了应对思路，强调必须持续推动目的地居民的态度改善。

第八章是国际旅游交流中的文旅融合。这一章梳理了国际旅游交流中文旅融合的表现和作用，提出旅游供给要坚持正确价值观，推进文物旅游的新时代变革，扩大博物馆的高质量文化产品供给和推进"欢乐春节"中的文旅融合。梳理了优化区域和国家层面的旅游交流合作的欧洲和非洲案例，并分析了文旅融合的创新案例。

二、研究框架和研究方法

专著共有 8 章 27 节，2 个附录，约 20 万字。框架结构如图 1 所示：

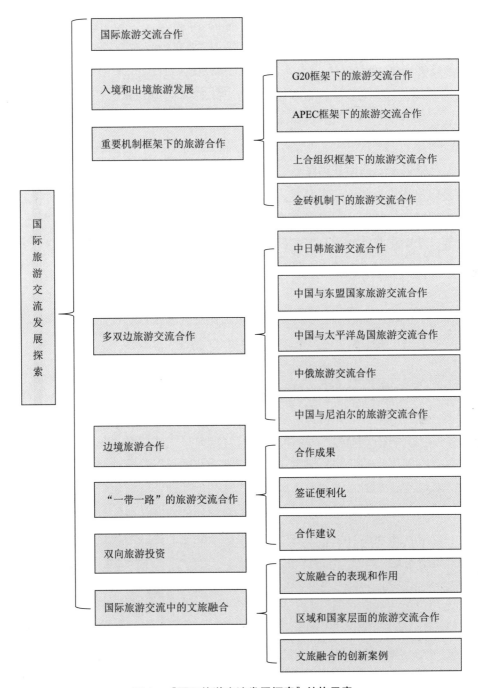

图1 《国际旅游交流发展探索》结构示意

　　研究方法主要是理论分析与案例研究。通过简要的理论梳理和分析，探讨了国际旅游交流与国际旅游合作之间的关系，并以个案形式逐一研究了入境和出境、重要机制、多双边、边境、"一带一路"等不同场景下的国际交流合作实践。在具体分析中，本书力求将定性研究与定量研究相结合，试图对国际旅游交流与合作中的问题做出描述性和解释性的研究，剖析其产生原因，继而提出可行性建议。

三、理论创新和学术价值

改革开放以来，我国在国际旅游交流与合作上进行了系统的探索。无论在重要机制框架的构建和执行，还是在多双边、边境和"一带一路"等不同场景的旅游交流与合作上，都越来越活跃，也越来越为世界所关注。在入境旅游和出境旅游发展、双向旅游投资以及文化和旅游融合等方面都有突出表现。此间积累了丰厚的经验，也为专著提供了珍贵的素材。在国内大循环为主体、国内国际双循环相互促进的新发展格局下，作为新格局塑造的重要方面，国际旅游交流与合作的重要性日益凸显，更体现出无限丰富的可能性。高质量的中国旅游发展，呼唤高质量的国际旅游交流与合作。我们正在见证历史，也正在穿过历史和创造历史。

四、应用价值和经济、技术、社会效益

专著立足于国际旅游交流和国际旅游合作的基本概念内涵，全景式展现中国国际旅游交流合作的历程和经验，探索在"国内国际双循环"阶段如何高质量地应对机遇和挑战。试图回答在新时代如何从深度、广度和创新性等方面更好地推动中国与世界的旅游交流与合作。有简要的理论梳理，更有鲜活的实践认知和经验的介绍总结，案例丰富，针对性强。是构建有中国特色的旅游国际化理论新的尝试，对于旅游官产学各界均具有借鉴意义。

基于在线数据的旅游业"潮涌现象"分析

作　　者：谢仲文，李晓燕，刘祥艳，辛安娜

依托单位：泰山学院

成果类别：集体成果

一、研究内容

　　研究通过爬取 OTA 上与云南旅游相关的数据，以云南旅游业为主要研究对象，开展旅游业"潮涌现象"的模型构建与数据分析。数据量上，本研究采集了 51640 家餐馆、19377 家酒店、5357 个景点、27261 个购物地和 61810 篇游记等相关在线数据。第一，在分析旅游业"潮涌现象"概念定义的基础上，以旅游六要素的视角对"潮涌现象"进行技术定义，认为"潮涌现象"是大样本"食、住、行、游、购、娱"数据序列的语义映射中的不适应和矛盾。为了方便数据采集和把握大样本数据的结构，同时定义了数据的采集模型，采集模型是原始数据的抽象。技术定义和采集模型为数据分析和数据呈现奠定了基础。本书通过数据解释了以云南省为例的原因，并呈现了基础数据。第二，在"潮涌现象"定义的基础上，进一步分析其物理学内涵，认为物理学名词"熵"作为描述系统的无序程度的概念，用来解释"潮涌现象"是恰当的。进一步，定义了数据的分析模型。基于分析模型，从流量分析、质量分析、结构分析和相关分析几个方面对旅游业数据进行梳理、分析和呈现，从多个维度展示了数据的特征和细节。第三，在"潮涌现象"内涵的基础上，分析了其五个重要特征：局部性、区域性、积累性、参照性和动态性。在模型层面，在集成模型和分析模型的基础上，从数学角度定义了"潮涌现象"：由向量和变异系数构成的二元组。接着，在空间、时间、量质、产业和文旅五个视角上对"潮涌现象"进行分析，并呈现了若干相关数据。第四，根据数据分析的结果，给出云南省旅游业发展对策和简单建议，讨论了以在线

数据为代表的大数据技术在文旅融合发展过程中的重要作用。

二、研究框架和研究方法

（一）研究框架

研究框架以旅游学和数据科学为两条主线，如图 1 所示。

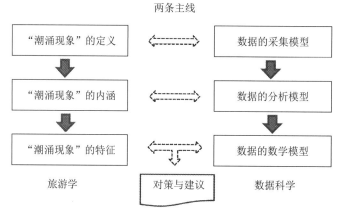

图 1 研究内容架构

（二）研究方法

1. 文献研究

通过研究相关文献，概括总结已有研究成果，发现其中存在的不足和挑战，明确有待研究的问题和内容，从整体上把握研究主题的现状及不足，为研究提供借鉴和参考。本书对关于城市旅游和旅游大数据的研究文献进行了系统梳理，在吸收和借鉴研究成果的同时，发现已有研究中，关于"潮涌现象"的研究比较少。这为研究指明了方向，进一步明确了研究问题。

2. 统计分析

利用编程语言 Python 对云南旅游业供给的方方面面进行描述性统计及统计分析，进行结构分析和相关分析等；利用统计学原理解释旅游学现象，抓住变异系数这一关键开展研究；考虑到在表述时，图形具有直观形象的效率，往往"一图胜千言"，故本书大量利用可视化呈现来表达统计和分析的结果。

3. 比较分析

根据案例对象云南各个地区的旅游采集数据和统计分析结果，横向对比地区间（主要是地级市、州）旅游发展的数量、流量、质量等差异，纵向比较各地区旅游发展的特点、时间及产业分布等。比较分析是本书大量运用一种研究方法，包括矛盾的分析和发现等核心问题都是在比较分析中得到的。

4. 建模分析

模型是系统的抽象，模型能把握系统的关键要素。本研究通过建模、模型变换，构造了模型的视角看待问题和解决问题。具体而言本研究涉及了三个模型：采集模型、分析模型和数学模型。在模型的抽象过程中，由具体走向抽象，由现象走向本质。

5. 案例研究

立足于科学提炼云南省旅游业的历史和现状分析，并总结经验和教训，探索适合云南省实际情况的旅游业高质量发展之路，并抽取出具有普适性意义的研究结论，讨论其在我国旅游业应用和实践前景。

三、理论创新和学术价值

本研究结合在线数据实现以云南为例的旅游业"潮涌现象"的综合评价，在以下几个方面有所创新。

第一，数据来源方面的创新。本研究所有数据均来自互联网，虽然以互联网数据为研究对象在旅游研究中已有许多研究成果，但是大多以互联网评论挖掘为主，尝试采用采集互联网数据的方法开展研究，并且以省为单位涉及供给端食、住、行、游、购、娱等诸多要素的研究尚属鲜见。

第二，研究内容方面的创新。首先，对旅游业"潮涌现象"的量化研究，目前这类研究成果较少，这一点背后的原因马波教授已有阐述。其次，本文基于数据分析，尝试将戴斌教授提出"商业环境是城市旅游发展的重要因素"学说进行初步数据验证和分析。再次，本文基于数据分析，发现"优质旅游是美好生活的新动力"，优质旅游目的地，作为主客共享的生活空间，在食、住、游、购等维度上品质更高。最后，本文基于数据分析，从空间、时间、量质、产业、文旅等维度进行"潮涌现象"的呈现与分析。

第三，模型变换方面的创新。本研究从采集模型出发，构建爬取数据的抽象描述；在此基础上，建立分析模型，探寻数据的真相与细节；基于数学，构造数学模型，遵循数学以简为美的原则，把握问题的本质属性。三个模型，层层递进，统领全书。

大数据驱动下发挥学科交叉优势，"潮涌现象"丰富旅游经济理论体系。本研究对旅游业"潮涌现象"进行理论探讨、对比分析和实证研究，特别是从大数据的视角量化研究"潮涌现象"，并在模型支持下提出相应的对策，是对旅游业高质量发展理论的重要细化和补充，也是对旅游大数据应用和指导实践的有益探索，丰富了旅游经济的理论体系。同时，对旅游大数据、智慧旅游的研究和实践也有显著意义。

四、应用价值和经济、技术、社会效益

研究"基于大数据的旅游业'潮涌现象'分析"，对于大数据在旅游业的融合应用具有重要意义。以云南案例为例，从云南旅游业发展的角度，该研究不仅符合国家和云南省的战略需求，而且有利于从数据的角度，合理评估云南省旅游的品质和旅游业的健康程度，科学预测发展的趋势，并对可能产生的"潮涌现象"进行预警，为防止在时间、空间的局部甚至全局产生过热和盲目投资提供决策参考；从数据科学发展的角度，该项目的研究过程中将遭遇数据科学中的若干难点与挑战，从我国旅游业的全局出发，对旅游大数据的处理，以及在此基础上建立的数据模型和研究结论都将是对数据科学理论及其应用的有益补充和发展。最直接和重要的应用价值还在于，本研究所建立的模型和分析方法具有高度的可推广性，使之不仅适合于云南省的旅游业，在适当调整之后也适合于其他地区的旅游业建模与分析。本研究的模型和分析方法经过调整已经应用于泰安市旅游业的建模与分析，并程序化为应用软件。

本研究成果成功应用于由山东众志电子有限公司主持研发的"泰安市文旅产业运行监测大数据平台"（2020 年山东省新旧动能转换重大工程重大课题攻关项目），该平台已运行 8 个月，取得良好效果。山东众志电子有限公司以横向项目形式于 2020 年 12 月向第一作者谢仲文提供研究和平台开发经费第一期 100 万元（目前已经达成第二期研究经费意向，具体经费数额仍在商谈中），该横向项目同时被泰山学院遴选为重大横向科研项目培育对象立项项目。此外，项目研究成果在 2018 年中国博士后科学基金会第 63 批面上资助项目"基于大数据的旅游经济'潮涌现象'分析——以云南为例"的结题报告（2021 年 7 月）中有较多体现，还在 2021 年中国旅游研究院（文化和旅游部数据中心）委托横向课题"面向入境旅游发展的国际数据智能采集与应用"、2020 年泰安市科技创新发展项目（政策引导类）"泰山文旅经济的互联网数据采集与分析"、

2020 年泰山学院引进人才科研启动基金项目"文旅大数据驱动的泰山旅游经济监测与分析"等研究项目中有所应用。研究内容作为大数据与旅游业深度融合的工作成果，对以大数据为代表的新一代信息技术赋能旅游业高质量发展开展了探索性研究和落地性实践，具有借鉴和参考价值。

系统科学视角下旅游税制理论与实践研究

作　　者：杨春宇，朱赢
依托单位：贵州财经大学
成果类别：集体成果

一、研究内容

经过 40 年高速发展，我国旅游业在形成巨大产业规模的同时，也积累了许多矛盾和问题，尤其是旅游生态系统显著恶化成为社会发展的一个障碍或制约因素，因此客观准确地掌握旅游生态系统状况、发展趋势与演化机制，通过科学分析与管理，不断降低从旅游生态系统获益的成本，成为旅游业可持续发展研究的关键性命题之一。

为了解决旅游生态环境污染问题，旅游环境税被认为是行之有效的方法之一。在旅游环境税制度的发展研究过程中，其经济学原理及旅游环境税制度构建成为主要课题。为了使旅游业在不损耗环境资源的前提下保持可持续态势，各国在环境政策中考虑较多的仍属命令—控制型政策，基于市场的经济手段考虑较少，且主要集中在收费、税收手段。

目前，国内外针对旅游业的环境经济理论与应用成果较少，无论是整体研究还是对单个环境经济政策手段进行的研究，均存在不足；对环境经济规制实施效果及其预测的研究几乎没有。国内相关应用研究尤其不足，且旅游经济发展中的环境经济政策手段运用基本上都附属于其他相关领域，也没有专门部门制定专属旅游业发展的环境经济政策。鉴于环境经济政策在旅游业可持续发展管理方面的预期有效性较大，因此有必要提出环境经济政策并作为焦点研究，将环境经济政策纳入国家或地区旅游经济政策，以促进各区域旅游业可持续发展。同时考虑目前国内大众旅游消费模式对环境资源的威胁与破坏、当前旅游经济与其依赖的环境资源保护之间的冲突关系，找出更加有效的环境资源保护手段势在必行，深入探讨环境经济政策的研究与应用，科学评价环境经济政策在旅游经济发展中的有效性，是中国旅游业发展的必然之举，只有这样才能保证中国旅游业长期持续健康发展，增加国民福利，促进旅游经济发展与环境资源保护实现共生目标。

二、研究框架和研究方法

本研究从基础理论分析、模型构建、实证研究及对策建议四个方面进行探讨。

（1）基础理论分析。本研究利用文献对比的方法分析国内外在环境税与旅游环境税发展沿革、研究理论基础以及制度等方面的差异，得出：国外研究领域广泛，强调多种理论的综合研究和定量分析，国内则以定性与案例研究为主，政策研究往往局限于定性分析，缺乏系统、深入的数量分析与模拟。在《中华人民共和国环境保护税法》实施的背景之下，旅游环境税的研究处于摸索阶段，在税制构建等方面的研究存在以下问题：研究理论不成体系，借鉴过多，尚未形成范式，在理论研究学界难以达成有效共识。

首先，本研究梳理、分析旅游环境税或环境税的相关基础理论，主要包括外部性理论、庇古税理论、双重红利理论，上述理论是旅游环境税产生的基础，这些理论从不同侧面揭示了旅游环境税的存在价值和意义。其次，由于缺乏系统、动态的视角去研究以及量测旅游目的地不同发展阶段的合理税收，本书基于系统科学视角，引入时间、空间的变化，以系统性思维结合旅游地生命周期理论，构建旅游地生命周期与旅游环境税两者的耦合模型，探寻旅游环境税最优征收节点，以及测度生命周期演化不同阶段旅游环境税的征收节点。最后，结合一般均衡理论及拉姆齐—卡斯—库普曼斯经济增长模型（RCK 模型，在经济学中将消费纳入经济增长模型的研究）对旅游地生产水平进行测算，计算旅游地获得利润最大化时的旅游环境税数值，旨在说明本书在每个征收节点测算出的旅游环境税均为在当下节点处的最优值，即可以使得在该节点处旅游企业获得利润最大化的同时保证生态环境不会出现恶化趋势，从而可以保证旅游环境税在整个实施过程中的合理性。

（2）模型构建。在模型构建过程中，主要解决旅游环境税的最优值问题及在旅游地生命周期演化不同节点如何征收旅游环境税的问题。本研究在 RCK 模型的基础上，通过分析不同生命周期演化阶段游客量的变化对旅游地产出水平的影响，借助柯布—道格拉斯生产函数模型，将游客量的变化作为新的参数对初始函数进行修改。同时借助 Eviews7.2 软件对新的生产函数进行拟合。与此同时，本研究在计算旅游企业利润时将旅游环境税作为生产成本纳入旅游企业生产利润的计算之中，本研究认为在旅游环境税实施背景下，当旅游地利润实现最大化时，旅游环境税政策可以实现理论上的最优，基于此构建旅游环境税征收模型，对旅游地生命周期演化不同阶段的旅游环境税数额进行预测。与以往研究不同的是，过去研究多数是在稳态均衡的基础上对旅游环境税数值进行测算，而本研究结合了旅游地生命周期演化与旅游环境间的耦合关系，确定旅游环境税的征收节点，模拟测算旅游地生命周期演化过程中各个节点处旅游环境税的征收情况。此时，旅游环境税的均衡解是动态均衡的，而并非稳态的，因此可以进一步研究旅游地生命周期演化与旅游环境税之间的动态关系。

（3）实证研究。本研究以 31 个省（区、市）2000—2016 年的实际状况进行实证模拟，对旅游环境税征收的具体数值进行测算，并结合实证模拟的结果进行差异性分析，借助 SPSS 22.0 软件对研究结果进行聚类分析，将 31 个省（区、市）依据生命周期演化阶段分为参与期、发展期、成熟期及巩固期四种主要类型，结合预警理论，将旅游环境税预测值分为抑制型、警示型、调整型及惩罚型四种主要类型。

（4）对策建议。在大力提倡生态文明理念的背景之下，本研究结合我国具体国情对旅游环境税的实施提出一定建议，明晰发展路径，主要探讨了四个问题。

三、理论创新和学术价值

本研究首先追溯了包括旅游生态系统演化、环境承载力、环境税在内的旅游生态系统可持续发展相关理论与研究方法，探寻旅游地生命周期内各阶段的旅游环境税之耦合交互影响过程及演化机制，在此基础上抽象出旅游环境税动态阈值量测模型，从而构建旅游环境税制理论体系；其次，基于 RCK 模型将旅游资源环境价值以量化的形式纳入旅游企业的生产成本中，以解决旅游环境税的最优值问题及旅游地生命周期不同演化阶段的动态阈值问题；然后以 31 个省（区、市）为案例地进行验证分析；最后以系统发展动态合理阈值为参照，引入预警机制，以环境规制等政策为调控手段，探寻旅游生态系统调控机制。

四、应用价值和经济、技术、社会效益

本研究具有以下四个方面的应用价值：

（1）针对旅游环境税征收的不同类型进行具体分析；

（2）旅游环境税征收预警模型的构建，对旅游地生态环境现状进行连续、动态的预测和分析，确定旅游地生命周期演化的不同阶段需要及时给出的预警信息，并有针对性地实施旅游环境税政策；

（3）借助多元博弈理论探讨旅游环境税收政策状态下旅游企业、旅游地居民和政府等相关利益主体之间的博弈关系；

（4）本研究虽然借助旅游地生命周期不同阶段解决了旅游环境税测量的定量化问题，但是在全国范围内如何征收旅游环境税，还需基于我国现有财税制度来决定。因此，本研究从财税理论的体系角度来简单论述旅游环境税在全国范围内的有效征收问题，主要包括如何确定征收对象和征收主体的问题。

从满意度到愉悦度：旅游体验评价的一体化转向

作　　者：马天
依托单位：大连民族大学
成果类别：个人成果

一、研究内容

本书的研究内容主要包括以下五个方面：

第一，探讨旅游领域中使用期望—不一致模型测量游客满意度的适当性和效度问题。满意度是消费者行为研究中的概念，在消费者行为领域对满意度的界定和测量有其"准则"。在文献综述部分本研究系统地回顾了消费者行为研究中有关满意度的定义和测量后，结合旅游产品自身的特点，本研究将对旅游领域中使用期望—不一致模型测量游客满意度的适当性和效度问题进行探讨。

第二，本研究重新界定了旅游体验和旅游体验质量两个重要概念，进而识别出旅游体验质量的维度，并在不同的旅游情境下进行验证。已有研究强调旅游体验被视为是旅游的本质，旅游体验质量是旅游企业或目的地的生命线，那么界定旅游体验和旅游体验质量是后续测量旅游体验和旅游体验质量的基础。因此，这一部分将几个重要概念及概念之间的关系进行梳理。

第三，寻找情感触点，对情感触点进行分类，并进一步分析不同情感触点对旅游体验效价和强度的不同影响。为了了解旅游者的体验，本研究将在三种不同类型的旅游情境中（自然资源依托型旅游目的地、人文资源依托型旅游目的地、资源脱离型旅游目的地）研究旅游者的体验，寻找促使这些体验产生的情感触点。在此基础上，本研究将对情感触点进行分类，探究不同情感触点对旅游体验效价和强度的不同影响。

第四，借助质性研究扎根理论研究法，识别出旅游体验的作用路径模型，找寻情感触点、旅游体验、旅游体验质量、结果变量等主要范畴之间的关系。

第五，本研究将探讨不同类型旅游产品的体验评价问题。根据不同类型旅游产品在连续统（continum）的不同位置，提出对旅游产品评价时应分层和分类评价，在此基础上指出提升旅游产品品质的策略。

二、研究框架和研究方法

（一）研究框架

本研究的研究框架由三部分构成，分别是:（1）问题的思考与提出;（2）资料的收集、处理与分析;（3）资料的补充收集与论文撰写三个部分（图 1）。具体来看，在第一阶段，问题的提出以实践和已有研究研究回顾为基础，明确研究问题后，选择三种不同的研究情境进行资料收集，继而使用定量的描述统计和定性的扎根理论方法对资料进行分析，此为第二阶段。最后，撰写各章节内容。

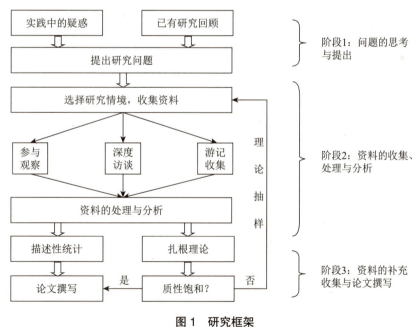

图 1 研究框架

（二）研究方法

1.资料收集方法

本研究的资料收集方法主要包括在线搜索旅游者游记和深度访谈。

（1）在线收集旅游者游记。作者在2016年4月分别以"奥兰多迪士尼乐园游记""洛杉矶迪士尼乐园游记""香港迪士尼乐园游记""上海迪士尼乐园游记"为关键词，通过谷歌、必应搜索引擎先后收集到主题公园游记46篇。同时，以"尼亚加拉大瀑布游记"为关键词，通过谷歌、必应搜索引擎，随机抽取大瀑布游记19篇，初筛后共有16篇游记符合本研究要求。在2016年5月，以"独立宫游记""独立宫之旅"为关键词，通过谷歌、必应搜索引擎，随机抽取独立宫游记21篇。

（2）深度访谈。除游记资料外，本研究也对到访过迪士尼主题公园、尼亚加拉大瀑布、独立宫的旅游者进行了深度访谈。深度访谈时间为2016年4月至2016年8月。通过便利抽样和滚雪球抽样，共访谈13人，其中，迪士尼主题公园5人，尼亚加拉大瀑布3人，独立宫5人。

2.资料分析方法

资料分析方法主要是描述性统计和扎根理论的三级编码方式。描述性统计主要是对游记的有关信息和其中的情感词频进行分析，使用扎根理论方法对游记和访谈资料进行分析。三级编码为：（1）开放式编码是将资料分解、检视、比较、概念化和范畴化的过程，通过仔细检验而为现象取名字或加以分类的分析工作；（2）主轴编码的主要目的是发展主要范畴。在开放性编码之后，研究者借由编码典范，借由所分析现象的条件、脉络、行动/互动策略把各范畴联系起来，将资料组成到一起；（3）选择性编码是选择核心范畴，把它有系统的和其他范畴予以联系，验证其间的关系，并把概念化尚未发展的范畴补充整齐的过程。

为了确保质性研究的样本饱和，作者先对最初收集到的一手资料——访谈和二手资料——游记进行质性分析。若在编码阶段没有出现新的编码，说明质性研究达到样本饱和，资料收集工作终止。否则，还将按照上述方法再次进行资料收集。

三、理论创新和学术价值

本研究在理论上的主要贡献在于：

（1）重新界定已有概念，提出新概念。尽管满意度、旅游体验质量是旅游体验研究中经常被使用的概念，但是满意度概念来自消费者行为研究，不同的研究者有着不同的定义，而旅游体验质量来自旅游领域，是个定义模糊的概念。在某些研究文献中，旅游研究者在两个概念之间随意穿梭。本研究梳理了消费者行为中满意度的概念，重新界定了满意度和旅游体验质量的概念，识别出旅游体验质量的维度，并在三种情境下验证旅游体验质量维度的适当性。此外，本研究还提出了情感触点、情感传递、情感补偿和情感交织四个概念，并尝试对情感触点进行分类，发现不同情感触点对情感的不同影响。

（2）指出模型适当性问题，深化对满意度测量的认识和理解。消费者行为研究中主要使用期望—不一致模型测量消费者满意度，本研究从本体论、认识论和方法论出发，指出该模型在探究旅游领域中旅游者满意度时的局限。这一方面识别出了该模型的作用范围，同时避免应用该模型对认识游客满意度可能产生的局限。

（3）提出新命题，为旅游体验理论的发展贡献力量。在编码过程中，本研究先后提出 7 个命题。命题 1：在场旅游者数量的多少影响旅游者的情感效价和强度。当在场旅游者数量过多时，会使旅游者产生烦躁等消极情感；超过最适旅游容量后，在场旅游者数量越多，旅游者体验到的消极情感越强。命题 2：在场旅游者之间的文化差异影响旅游者的新奇感。在场旅游者之间的文化差异越大，旅游者体验到的新奇感越强；反之，旅游者体验到的新奇感越弱。命题 3：涉入程度通过不同的路径影响情感体验。涉入程度较低的旅游者，情感触点作用于感官引起旅游者的情感反应；对于涉入程度较高的旅游者，情感触点一方面作用于感官引起旅游者的情感反应，与此同时，情感触点也会通过意识路径进而对旅游者产生个人意义和价值。命题 4：涉入程度较高的旅游者的情感反应强度要高于涉入程度较低的旅游者。命题 5：当功能性产品（组合旅游产品）在功能属性方面不足时，可能会使旅游者产生消极情感；当其既能够满足功能需要，又能够提供享乐价值时，将会产生积极情感。命题 6：旅游者的体验与其目标的一致性决定了情感的效价。二者的一致将会产生积极的情感（例如，欣喜、愉快等）；然而，不一致未必会产生消极的情感（例如，失望）。命题 7：旅游者的体验与其目标的相关性决定情感的强度。二者越相关，产生的情感强度越强；越不相关，产生的情感强度越弱。这些命题将有助于进一步理解情感体验。

四、应用价值和经济、技术、社会效益

本研究的应用价值如下：

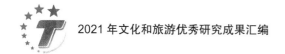

（1）旅游目的地管理者应致力于提高旅游体验质量，提高旅游者对体验的满意度，而不只是关注产品物理属性和服务质量。提高体验质量，可以借助本书识别出的情感触点，例如物理环境、氛围环境、服务接触等，通过体验设计，让每一次与产品的互动、与服务人员的接触都成为难忘的体验。目的地管理者应尽可能同时调动旅游者的多种感官，让旅游者参与到旅游活动中，唤起旅游者的情感。

（2）旅游目的地应尽可能提高旅游者的收益（benefits），进而提高感知价值。例如，人文资源型旅游目的地在介绍与其相关的历史、文化知识的同时，若融入享乐和审美元素，则会提高体验质量，增加感知价值。

旅游地网络关注度与客流量互动关系

作　　者：马丽君

依托单位：湘潭大学

成果类别：个人成果

一、研究内容

（一）游客网络检索行为与旅游信息需求特征

通过系统总结国内外相关研究进展，梳理相关的理论和研究方法。利用网络关注度数据及网络文本数据，采用内容分析法，分析游客网络搜索行为模式，考察使用百度搜索引擎搜索旅游地相关信息的搜索时间、搜索方式、搜索时使用的关键词及重点关注的内容等。按搜索方式将其分为 PC 网络搜索游客和移动网络搜索游客，分析两者网络搜索行为模式的差异及原因，从而揭示游客网络关注度形成过程和机制及其对游客的引导作用。在此基础上，分析游客出游过程，结合前人相关研究，初步探索游客网络关注度与客流量互动机制，为后续研究奠定理论基础。

（二）旅游地网络关注度时空分布特征及影响因素

通过收集湖南"红三角"、喀纳斯等景区，如家快捷酒店网络关注度相关数据，制作统计图表，采用季节强度指数、地理集中度指数、重心模型、ArcGIS、回归分析等方法，从多个时间、多个空间尺度分析网络关注度的年内时空变化特征，分析影响游客网络关注度时空分布的因素，从影响因素中选取可量化指标，构建游客网络关注度时空分布模型，定量揭示各因素对游客网络关注度时空分布影响的边际效应。在此基础上，将游客网络关注度划分为 PC 游客网络关注度和移动游客网络关注度，分析两者时空分布特征、季节波动、影响因素的异同及原因。

（三）游客网络关注度与客流量互动机制

以张家界、九寨沟为案例地，对比分析两地游客网络关注度与客流量时空分布状况，借助统计分析软件，构建游客网络关注度与客流量的时空相关模型，定量揭示两者之间的联系，进而采用协整分析与格兰杰因果关系检验法，分析游客网络关注度与客流量的关系，进一步揭示游客网络关注度与客流量相互作用的过程和机制。为基于网络关注度的旅游需求与旅游流分析提供理论支撑。

（四）基于网络关注度的旅游需求与旅游流分析

以北京、湖南居民为研究对象，分析居民对高级别景区旅游需求的时空分布特征，考察其影响因素。以"爸爸去哪儿""天价虾"为案例，分析事件对旅游地旅游需求的影响。以典型区域和城市为例，分析旅游流集聚扩散特征，进而利用社会网络分析法，分析旅游流网络结构特征，考察节点城市在旅游流网络中的地位和角色，探索旅游流网络结构特征的季节变化。

二、研究框架和研究方法

本研究以旅游地网络关注度及其与客流量相互关系为主要研究对象，根据旅游地理、社会地理等理论，依据实地调研、大数据和政府历年权威统计调查资料，借助季节性强度指数、地理集中度指数、重心模型、ArcGIS、回归分析、格兰杰因果关系检验、社会网络分析法、内容分析等方法，采用文献分析与实地调查结合、定性研究与定量研究结合、归纳与演绎结合的基本思路，系统、综合探讨旅游地网络关注度及其与客流量相互关系。

三、理论创新和学术价值

（1）运用内容分析法挖掘多个旅游网络平台数据，揭示了游客旅游信息需求特征，丰富了旅游信息需求方面的研究。

（2）以湖南"红三角"、张家界、九寨沟、喀纳斯、如家快捷酒店等为案例，以网络关注度及其与客流量相互关系为研究命题，揭示网络关注度形成过程和机制，以及

PC 与移动游客网络关注度时空分布特征与差异，分析影响游客网络关注度时空分布的因素，估算其边际效应，可深化游客网络关注度和旅游信息流相关研究。

（3）从多个时间与空间尺度揭示客流量时空分布特征，构建模型分析影响客流量时空分布的因素及其边际效应，丰富了旅游流相关研究。将网络关注度应用到旅游流、旅游需求等方面的研究中，推动了旅游流、旅游需求及其与信息流的交叉综合研究。

（4）探索游客网络检索行为特征，揭示游客网络关注度与客流量互动机制，构建相关模型，定量分析游客网络关注度与客流量时空分布的相关性，为基于网络关注度的旅游需求与旅游流分析提供理论支撑。

四、应用价值和经济、技术、社会效益

（1）随着旅游业的发展，游客的旅游需求不断发生改变，游客旅游信息搜寻能力越来越强，对信息的需求逐步多样化，对信息服务的要求也越来越高。本书有关游客旅游信息需求特征的研究，可为有关景区提高网站信息服务提供参考，有利于提升旅游地信息服务质量和旅游形象。

（2）揭示游客网络关注度与客流量时空分布状况及影响因素，探索游客网络关注度与客流量地域分布存在偏差的原因，考察游客旅游需求特征，对旅游地有针对性地进行宣传营销，促进旅游客源市场开发，推动旅游发展有重要意义。

（3）借助网络关注度数据分析区域旅游流网络结构特征，考察节点城市在旅游流网络中的地位和角色，探索旅游流网络结构特征的季节变化，对促进区域旅游合作与发展有重要意义。

（4）本研究先后受国家自科基金"旅游地游客网络关注度与客流量时空分布特征及互动机制研究（41501156）""长江中游城市群国内旅游发展空间关联网络特征及形成机制（41871123）"、湖南省教育厅优秀青年基金"旅游地游客网络关注度时空分布特征及其形成机制研究（15B243）"、湖南省社科基金"湖南红色旅游潜在游客时空分布特征及其转化研究（14JD56）""湖南省居民省内旅游流网络结构特征及其形成机制研究（17YBA370）"5 个项目 100.11 万元经费的资助，书中相关研究先后整理成 14 篇学术论文，发表在《经济地理》《旅游科学》《干旱区资源与环境》等刊物上，共被引243 篇次，被下载 9873 篇次（2021 年 8 月 6 日知网检索），受到社会的广泛关注。撰写过程中培养硕士研究生 6 名，本科生 1 名。

［1］马丽君，肖洋.湖南居民省内旅游流网络结构特征分析，河南科学，2019 年第 2 期，被引 1 篇次，被下载 287 篇次。

［2］马丽君，胡汝佳.九寨沟游客网络关注度与客流量互动关系研究，江苏商论，2019 年第 1 期，被引 2 篇次，被下载 209 篇次。

［3］马丽君，肖洋.湖南省居民省内旅游流的集聚扩散时空特征——基于网络关注度数据的分析，旅游导刊，2018 年第 2 期，被引 11 篇次，被下载 390 篇次。

［4］马丽君，肖洋.典型城市居民国内旅游流网络结构特征，经济地理（CSSCI），2018 年第 2 期，被引 37 篇次，被下载 1064 篇次。

［5］马丽君，马曼曼."天价虾"事件对青岛旅游网络关注度的影响，资源开发与市场（CSSCI 扩展版），2018 年第 1 期，被引 15 篇次，被下载 516 篇次。

［6］马丽君，郭留留.基于网络关注度的北京市居民对 5A 级景区旅游需求时空特征分析，干旱区资源与环境（CSSCI），2017 年第 10 期，被引 40 篇次，被下载 1132 篇次。

［7］潘伟安，马丽君.张家界旅游网络关注度与客流量时空相关分析，旅游纵览，2017 年第 16 期，被引 4 篇次，被下载 16 篇次。

［8］马丽君，郭留留.基于网络文本内容分析的张家界游客旅游信息需求特征研究，消费经济（CSSCI 扩展版），2017 年第 4 期，被引 10 篇次，被下载 976 篇次。

［9］马丽君，江恋，龙祖坤.湖南"红三角"移动游客网络关注度时空分布特征及影响因素，经济论坛，2017 年第 6 期，被引 2 篇次，被下载 150 篇次。

［10］何镜如，江恋，马丽君.新疆喀纳斯游客网络关注度时空分布特征及影响因素，经济论坛，2017 年第 4 期，被引 5 篇次，被下载 231 篇次。

［11］马丽君，龙云.基于网络关注度的湖南省居民旅游需求时空特征，经济地理（CSSCI），2017 年第 2 期，被引 66 篇次，被下载 1945 篇次。

［12］马丽君，江恋.湖南"红三角"旅游区 PC 与移动游客网络关注度时空分布特征及其异同，重庆师范大学学报（自然科学版）（CSCD 扩展版），2017 年第 1 期，被引 8 篇次，被下载 255 篇次。

［13］马丽君，郭留留，吴志才."爸爸去哪儿"对拍摄地旅游发展的影响——基于游客网络关注度的分析，旅游科学（CSSCI），2016 年第 3 期，被引 40 篇次，被下载 2606 篇次。

［14］郭留留，马丽君.经济型品牌连锁酒店网络关注度时空分布特征及形成机制——以如家快捷酒店为例，中国旅游评论，2016 年第 2 期，被引 2 篇次，被下载 96 篇次。

专著类
——三等奖

旅游市场失范行为的法律调控机制研究

作　　者：孟凡哲

依托单位：北京第二外国语学院

成果类别：个人成果

一、研究内容

研究选择新的视角，运用契约理论对于旅游产业运行中的失范行为进行全面研究。专著分为上、中、下三篇，其主要内容如下：

（一）上篇对中国旅游市场秩序现状进行研究

1. 对"失范"进行语义分析

将涂尔干的失范概念引入本研究，在对旅游市场违规行为充分调研的基础上，就何种行为构成"失范"及其本质和特征进行分析。

2. 分析了失范行为的主要类型

分别对旅游市场规划开发、组织行为和经营行为失范进行剖析。

3. 进行失范行为的影响评估研究

从制度经济学的角度，对失范状态下的交易成本和伦理成本进行了分析和评价。

（二）中篇对旅游市场失范行为内在机制进行研究

1. 以现代法治视角下的契约制度和契约文化为突破口

运用企业制度原理探究市场失范行为，分析旅游市场失范行为的基本诱因，尤其对制度失灵与市场失范的逻辑关系进行研究。

2. 对旅游市场失范行为进行制度解释

从外部契约与内部契约角度分析各经营主体市场行为的关联性，从正式规则和非正式规则两个视角来解释市场失范行为产生的原因。

3. 对旅游市场失范行为进行实证解释

对无序规划开发、经营挂靠承包、"不合理低价"游、门票价格上涨等典型失范行为进行专门探讨。强调契约精神，探究诚信原则在具体监管制度中的表现形式。

4. 从契约的角度对旅游市场行为做专门分析

提出要强化契约手段，通过对契约权利和义务的合理配置，建立常态治理机制。

（三）下篇对旅游市场失范行为的法律调控机制进行研究

1. 阐述了旅游市场失范行为调控原理

在调控理念上，针对不同的失范行为，提出采取压制、疏导与激励等措施的契合性与妥当性；在调控模式上，提出顺应现代市场管理理念，厘清监管与自律领域的范围，尝试对各自界限做基本划分；在调控方法上，分析调控的规范方法和技术方法的有效性，就制度方法的优势进行论述。

2. 总结了旅游市场失范行为法律调控机制

强调运用契约原理探究市场失范行为，注重通过契约的法律治理，抓住养成契约思维和建立契约制度两翼，从立法、执法和司法三个维度进行调控：①域外优质法律资源的移植。借鉴西方国家有关反欺诈立法，对欧盟《包价旅游指令》、英国《包价旅游法规》中有关旅游契约信息披露、日本《标准旅行社条款》之《特别补偿章程》的赔偿责任等制度予以适当引入。②现有法律规范的调整。进行失范行为的违法成本制度设计，通过惩罚性违约金、商誉评价减损等制度提高违法成本；进行针对典型失范行为，如"挂靠承包"、"不合理低价"游、"回扣"等行为的专门制度设计；进行法律救济特定程序设计，建立法律责任归结的特有规则，如违法行为认定的举证责任倒置、严格责任的采用等。③法律运作系统的调整。强化旅游立法、执法与司法部门间、旅游主管部门与其他政府主管部门间、旅游主管部门上下级间的协调，设定旅游调整公权力运用的范围、强度和协作制度；参照国外市场管理经验，强调商会制度的建立，通过行业协会促进行业的自我约束和规范；强调执法组织机构建设、强化执法力度，尝试建立旅游警察等执法特色化专门机构等。

二、研究框架和研究方法

（一）研究框架（图1）

在全面梳理旅游市场主体经营行为模式的基础上，以各个运营环节的契约及其连接结构为切入点，设计常态的契约结构形式，并对契约畸变行为进行全方位矫治。

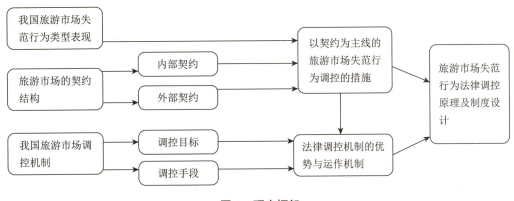

图1　研究框架

（二）研究方法

1. 依托交易成本理论的法经济学方法

强调法律制度设计对市场行为调控的重要性，通过法律权利、义务在不同主体间的有效配置促进交易成本的合理流动。

2. 模型跟踪调查方法

选取典型的旅游企业，对其内部组织结构和外部市场运作流程进行全面调查，结合交易成本理论对其行为进行定性和定量分析。

3. 案例分析方法

通过对各类典型失范行为的案例分析，归结失范行为的共性特征，提出对应的诊断解决方案。

三、理论创新和学术价值

（一）理论创新

1. 核心观点创新

从纷繁复杂的市场行为中，发现市场问题的核心是契约结构扭曲。旅游市场失范行为在本质上是契约运行链条的阻滞，它通过改变契约的常态结构并设定一套隐形契约结构来追逐利益，故治理旅游市场失范行为的根本在于对法定契约结构的维护。形成一定的原创性学术观点。

2. 研究视角创新

结合党的十八届四中全会《关于依法治国若干重大问题的决定》精神，从法治的视角来研究旅游市场失范问题。强调法治化治理的核心作用，从旅游立法、执法与司法三个维度研究旅游市场法治建设的动态过程。拓展了原有的管理学研究视角。

3. 若干表述创新

如结合旅游市场治理的语境对"失范"的界定，对失范三种类型的认定；有关旅游市场外部契约和内部契约的分析；对旅游法治思维的界定等。丰富了本领域研究的基本话语。

（二）学术价值

（1）选择新的研究视角，关注法学和管理学科的交叉研究领域，运用契约理论对于旅游产业运行中的失范行为进行全面的综合研究，丰富了旅游市场治理问题的学术研究体系。

（2）覆盖旅游规划开发、旅游市场组织行为和旅游市场经营行为全部领域，有关市场秩序治理的基础性研究为今后的拓展研究提供一个平台，能够推动相关研究向深入发展。

四、应用价值和经济、技术、社会效益

（一）应用价值

（1）针对中国旅游市场运营中的突出矛盾，力求提出相对可行的法律调控措施，尝试设计旅游市场行为调控的法律制度体系结构，从宏观上进一步明确旅游市场治理的基本思路，从微观上为某些问题的解决提出方案。

（2）在一定程度上推动旅游企业的规范经营，培育旅游市场法治文化，明确企业权利和义务的边界及其具体实现方式。

（3）为各级、各地旅游立法机构制定规范性文件提供参考，可作为旅游执法部门调整执法思维和方法的参考，同时也可作为旅游者维护权利的参考。

（二）经济、技术、社会效益

本成果的效益主要体现在技术效益和社会效益。

1. 技术效益

针对当下中国旅游市场存在的各类突出问题，进行有针对性的对策研究，对旅游行业普遍关心的市场问题做了一定的呼应。以社会主义法治理念为指导，引导全民懂法用法，培育成熟的消费意识，克服"逆向选择"，使违法行为无缝可钻。

2. 社会效益

发挥观念上的引领作用，强调依法治旅的重要意义，通过制度建设强化商业道德建设和诚信商业文化的培育；运用产权理论，解释旅游资源产权配置问题，加强对自然遗产原生态保护；运用行政法律理论，强调行政权力设定的科学化与规范化，告别过去事倍功半的治理模式；在一定程度上推动旅游法治建设，为实现具体的法治提供样本参考，实现旅游行业治理的法治先行，并以此推动国家法治建设的整体进程。

与时偕行：中国节俗文化的现代转化

作　　者：黄意明，孙伯翰
依托单位：上海戏剧学院
成果类别：集体成果

一、研究内容

《与时偕行——中国传统节俗文化的现代转化》一书，在中国传统时空体系中探讨节日精神，运用哲学、人类学、民俗学和社会表演学的理论，以深刻而扼要的方式，对中国传统节日中的清明、端午、七夕、中秋、重阳五大节日的文化核心内涵作深入的研究，讨论了这些节日的起源、演变、文化内涵、仪式功能等内容，分析了五大节俗中所映现的中国人的价值观、人生观，考察了传统节俗文化形成的内在逻辑、共同特征和审美境界，并全面阐述了这些节日的历史演变轨迹和今日继古开新的转化之道，在实践操作层面做了许多有益的探索，为中国传统节日在新时代的发展方向提供了思路和具体实践的办法，体现了与时偕行的时代精神。

二、研究框架和研究方法

（一）研究框架（表1）

表 1　研究框架

绪论：关于中国传统节俗	第一章：清明节俗的演变与现代文化功能重建	第二章：端午民俗行为的演变轨迹及其现代启示	第三章：七夕节俗与公共仪式背景下的文化重建	第四章：中秋民俗的深层历史内涵与现代功能转化	第五章：重阳节俗演变与文化创新之思考	第六章：诗意的节日	结语：关于当代节俗重建及创造性转化

续表

1.节俗现状及其重建理念	1.起源与原始功能	1.内涵与功能的形成	1.演变轨迹与内在理路	1.溯源与节俗早期内涵功能	1.节俗起源及早期原型	1.春城无处不飞花	1.从传统向现代转型中的节俗危机
2.传统节俗的定义	2.历史上清明节俗功能的转化	2.历史上端午节俗功能的转化	2.历史上七夕节俗功能的转化	2.中秋节俗的形成与文化内涵	2.重阳节敬老活动的历史内涵	2.果然夺得锦标归	2.对当前节日重建活动的反思
3.文献记载与研究述评	3.今日清明民俗内涵与功能开发	3.今日端午民俗内涵与功能开发	3.历史价值与内涵创新的当下意义	3.当代中秋文化内涵的创造性转化	3.今日重阳节的文化创新	3.两情若是久长时	3.节俗文化内涵与功能的重建
4.时空观念与阴阳体系	4.民俗活动创新之社会实践	4.现代端午节俗重建的社会实践	4.现代七夕仪式重建的社会实践方案	4.节俗重建的社会实践方案	4.重阳文化的开发思路与社会实践方案	4.明月几时有	
5.节俗的内涵与功能						5.菊花须插满头归	

（二）研究方法

1.文献研究法

本研究通过检索国内各种数据库与调查相关文献，了解研究主题的历史和现状，为课题的研究提供了学术理论基础；同时对相关的文献资料进行归纳、演绎和比较分析，得出结论。

2.跨学科研究法

综合运用哲学、人类学、民俗学和社会表演学的理论和方法，从整体上对本课题进行综合研究，并使课题研究具有多个维度。

3.社会实践法

采用边研究、边实践的方法，将相关思路在学校、社区实践，以考察效果。

4.功能分析法

通过说明作为社会现象的节俗及其所包含的各类仪式活动如何满足社会系统的需要，对节俗活动进行深度解释。

5.比较分析法

对比不同民族、不同地域、不同时代节俗祭祀活动的异同来对节俗的一般性质进行分析说明。

三、理论创新和学术价值

（一）全面深刻地阐述了五大传统节日的历史演变轨迹和当代转化之道

多年来关于中国传统节日的书籍刊物相继出版与发行，内容多为介绍其源流、演变、习俗、传说等，也有选取古代诗词与节日习俗合而为一的。这些书或系统描述了节日的面貌，或考察了节日风俗，但就研究方向来看，多是从认识节日或描述节日演化的角度去拓展，缺少对历史根脉的梳理，缺少对雅俗文化关联性的考察，以及对今日传承开发思路的探索。本书全面深刻地阐述了五大传统节日的历史演变轨迹和今日继古开新的转化之道，为中国古代传统节日在新时代的发展方向提供了思路。既关照到了中华传统人文价值之一脉相承性，又关注到节俗现代性转化的可操作性。

（二）确定中国节日的典型性和独特性

传统节日是一个民族或国家在社会和历史长期发展中积淀和凝聚的特殊时间节点，它的功能和内涵都是值得玩味和探究的。作者认为中国传统节日不同于巴赫金的狂欢化理论对节日的设定，它内容丰富、形式多样，涵盖了原始信仰、祭祀、儒释道纪念日、历法、节气等人文与自然多方面的文化内容。中国传统节俗尤其注重"节制"，节日体验具有"乐而不淫，哀而不伤""福兮祸所伏，祸兮福所倚"的辩证观。

（三）对"节日"仪式功能的创新性认识

节日为参与者提供了不同于日常生活的时间与空间感，通过节日，人们跨越了一种时间的界限，打断了生活经验的"同一性"，进入一个新的生活阶段。而所谓节日发生的特殊空间，并非使用了不同于日常生活的空间，而是将原有空间中的行为意义进行转化，使其具有一种超越日常的特征。节俗行为让人们得到了阶段性休息，可以借此总结过往，计划未来，加强人际沟通，整个过程体现了中国人对生活和生命的美好审美感受。另外，主要节日比较均衡地分布在一年之内，每年周而复始，在心理机制上会形成有规律的暗示作用，从而强化节日的仪式功能。

（四）挖掘了中国节日的连续性和统一性特征

中国五大节日贯穿着中国人的阴阳思维和时间节奏。（1）清明节是新与旧、生与死在同一个时间段被面对，这和中国人的阴阳相生互动的观念相符。人们到野外祭拜祖先、寄托哀思的同时，也感受春天欣欣向荣的气息，饱含对生命的希望和期待。（2）端午节的赛龙舟鼓励合理竞争，这种合理竞争既包含人与人之间的竞争，也包括人类与自然之间的竞争，这种竞争是有序的、合理的，最后会走向和谐。有序的竞争带来社会的进步。纪念屈原则集中体现了中国人的家国观念，是竞争意识的理性化。这其实应和了时令上的阴阳相争转化节点。（3）七夕节包含乞巧和婚恋的内容。婚姻美满和谋生本领是幸福生活之根本，缺一不可，是阴阳互补思想的反映。（4）中秋节包含了赏月的"平等"性，人与人之间在根本上是平等的，这既是传统中秋观念阴阳平衡的题中之义，也直接融通了现代社会的平等理念。（5）重阳节是登高与敬老的节日，有沉淀之感；而秋收冬藏，秋天又预示着收获和成就。阳消阴长，秋天代表人生之老之将至，故有敬老之仪式行为。敬老内涵一是子女、晚辈对长辈及其学识和人生经验的尊重与学习，二是对青少年进行生命教育及反哺教育，体会天伦之乐，三是"老吾老以及人之老"，在社会上推广孝道，这是家庭、社会和谐所需要的。

四、应用价值和经济、技术、社会效益

中国传统节日是先人们留给我们的重要遗产，节日承载着中国人的文化思想、体现着中国人的行为标准，是中国人的一种生活方式。本研究全面关照到了中华传统人文价值之一脉相承性，又关注到节俗继往开来的可操作性，具有实践传统文化现代性转化的重要作用。本研究用简洁的表格形式，为各个节日设计了具体的实施方案。而作为艺术学院的教授和学者，作者特别注重文化建设和艺术行为的结合，倡导将艺术的教育功能贯穿于节俗活动设计中。就其现实性而言，极大程度地落实到了社会基层层面，尤其提出将传统节日与戏剧等艺术形式相结合的实践论，为各个节日设计了具体实施方案，具有很大的应用价值。

中国传统节日，从立春到冬至，原始反终，强调着人生的活力及与万事万物之间的和谐关系，代表中国人独特的生活方式，凝结着中华民族的精神和情感，承载着中华民族的文化血脉和思想精华，是炎黄子孙不能忘怀的文化记忆。在如今"洋节"盛行的当下，讲好中国故事，传递源远流长的节俗文明，研究传统文化的现代转化，关乎我们民族的未来方向。因此，本书研究传统节日及其现代转化，其重大效益不言而喻。

旅游地名的时空变迁与社会响应

作　　者：纪小美
依托单位：南昌大学
成果类别：个人成果

一、研究内容

　　本研究首先综述了国内外地名学的发展历程与旅游地名的研究进展，结合国情对批判范式进行相应改进，并指出国内旅游地名可拓展的研究方向；其次，探讨了改革开放以来，国内旅游地名的变迁特点、效应与变迁动力；再次，实证分析了典型更名案例中的社会响应与权力博弈，总结了旅游地名场域的格局特征与变迁动力；最后，提出了发挥旅游地名效应与协调旅游地名权力的对策建议。

二、研究框架和研究方法

（一）研究框架

　　本研究可分为四个部分。（1）第一部分包括第一、二两章，为基础理论部分。阐述了研究目标和意义，指出了研究方法、数据来源、理论依据、创新之处与技术路线等，拟订了研究内容，界定了相关概念。评述了批判转向以来，国内外地名研究的选题偏好与差异来源，国外研究的可借鉴之处与国内研究的可拓展方向。（2）第二部分包括第三至六章。为实证研究与全文的核心部分，采用整体格局到个别实证的研究思路。首先对旅游地名及其相关概念进行辨析；其次阐述了旅游地名的变迁规律、变迁产生的正负面社会经济效应，以及变迁的动力机制；再次分别以景点、景区和城市等多种尺度上的典型地名变迁案例为实证分析对象，运用社会网络分析与批判话语分析法，探讨旅游地更名的社会响应与权力博弈；最后运用场域理论总结旅游地名变迁的驱动机制与响应机制。（3）第三部分（第七章）为对策建议部分。探讨了旅游地名的效应发挥与权力协调的相关对策。（4）第四部分（第八章）是结论与讨论部分。给出主要研究结论，指出了不足之处，提出了今后可改进的地方和可拓展的方向。

（二）研究方法

地名学的边缘学科属性决定了其研究方法与理论的多元化。因此，在旅游地名资料汇总过程中，采用到了历史文献法、地图法与统计学等方法，运用 ArcGIS10.2 软件建立全国与地方旅游地名的空间数据库，用以后期的空间数据的分析与专题地图的制作。在旅游地名权利争夺的研究中，对典型案例中的网络文本、实地调研得到的民调民意资料进行归纳、整理，运用内容分析、批判话语和社会网络等分析方法进行解析。

三、理论创新和学术价值

旅游地名变迁是一种文化现象，但其变迁的驱动力实质上来源于社会关系的变革，故结合国内旅游地名的变迁规律，运用场域、资本与记忆等常见且重要的社会学概念与理论阐释变迁机制，实现旅游地名的跨学科研究与理论创新。

学术价值体现在改进国内传统地名学范式，拓展旅游地名研究的新文化地理学思路，推动旅游文化的纵深发展。应用价值体现在发挥旅游地名在经济价值、地方性塑造、文化传承、地方认同、旅游宣传等维度上的积极效应，为旅游地的社会经济发展与科学民主的地名管理提供实践指导。

四、应用价值和经济、技术、社会效益

地名文化作为非物质文化遗产的重要组成部分，发挥地名文化的社会效应对于地方文脉保护与传承，对于弘扬中华优秀传统文化的教化与德育功能具有重要作用；挖掘地名文化的经济效应对于社会市场经济语境下的地名文化遗产的传承与发展既是机遇也是挑战。尤其当前旅游业作为一种新兴的全球化发展力量，正深刻地变革着传统地域文化结构的演化进程，地名作为传统地域文化景观中重要且直观的组成部分，也必然受到旅游发展带来的冲击。本研究独辟蹊径地从旅游地名这一新兴地名文化现象

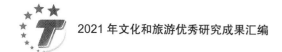

入手，系统性借鉴与运用西方批判地名学的相关范式与理论，结合国情特点，归纳地名变迁的社会热点，总结旅游地名变迁带来的经济、社会与文化等维度上正反面效应，凝练利益相关者的地名权力博弈关系，为规避负面效应提供对策建议。专著发行一年多以来，得到同行认可，并涌现大量相关议题的后续深入研究。

文创旅游产业的顾客—品牌关系构建：消费者体验的视角

作　　者：匡红云

依托单位：上海第二工业大学

成果类别：个人成果

一、研究内容

文旅融合已成为国家发展战略。高质量的顾客—品牌关系已超越品牌忠诚、成为品牌资产的重要表征。旅游体验是文化旅游产品的核心属性。本研究以主题公园这一典型文旅企业及其顾客为研究对象，采用综合研究方法，探索如何基于主题公园资源要素创造游客体验并进一步塑造和维护顾客—品牌关系，揭示通过文旅资源要素创立品牌的有效路径；同时结合全球化时代背景，对"全球消费导向""消费者创新性"在顾客—品牌关系构建中的调节作用进行探索。

二、研究框架和研究方法

（一）研究框架

本研究共分六大部分，首先对国内文创产业和主题公园发展现状进行介绍，基于此提出"基于体验的顾客—品牌关系生成机制"的研究问题和研究思路；其次对几个主要变量的研究现状进行综述，指出研究缺口；再次构建"资源要素—旅游体验"的体验生成机制模型和"旅游体验—品牌关系"的"顾客—品牌关系"生成机制模型；

然后提出研究假设，基于访谈和问卷数据对模型的主效应和调节效应进行定性、定量检验。最后基于研究结果总结出体验视角下的文旅企业顾客—品牌关系创建路径。具体如下：

1. 主题公园游客体验生成机制扎根理论研究

（1）挖掘、整理出影响主题公园游客体验的各类有形、无形要素；

（2）挖掘、整理出主题公园游客体验的构成要素和体验内容；

（3）挖掘、整理出主题公园游客体验生成过程中的调节效应因素。

2. 主题公园游客体验生成机制模型的实证检验

（1）主题公园资源要素对旅游体验的影响主效应检验；

（2）人口社会学特征在资源要素与旅游体验关系中的调节效应检验。

3. 体验要素对顾客—品牌关系影响的实证检验

（1）基于调研数据的体验要素对品牌关系影响实证检验；

（2）消费者创新性在"体验要素与品牌关系"的关系中调节效应检验；

（3）全球消费导向在"体验要素与品牌关系"的关系中调节效应检验。

（二）研究方法

1. 文献分析法

对"旅游体验及体验价值、主题公园、其他文化旅游产品的体验影响因素、顾客—品牌关系、消费者创新性、全球消费导向"这六大主题的相关国内外文献进行系统梳理和总结，进行研究综述；比较其研究内容和方法的异同及前沿趋势。对这六大主题、影响因素的理论基础（如概念、内涵和维度）进行比较、界定。

2. 扎根理论方法及量表开发方法

首先，通过深度访谈技术和扎根理论方法归纳总结出影响主题公园游客体验的企业有形生产要素和无形经营要素、游客体验的构成要素、体验生成过程中的调节效应因素及机制。其次，对扎根理论分析所得出的各个因素代码进行整合，提炼出主要变量的维度，进行测量题项和量表的开发。设计初始问卷，对相关群体进行意见征询和问卷完善，通过前测、预测试不断调整测量题项、进行修正，最后获得正式调研问卷，进行发放，开展定量研究。

3. 因子分析法

通过规范化的问卷开发和抽样调查，对主题公园品牌关系创建机制模型各相关变量进行数据收集和分析，通过探索性因子分析和验证性因子分析对体验影响因素、体验要素、顾客—品牌关系、消费者创新性、全球消费导向这5个变量的维度结构进行最后确认；通过均值对不同影响因素得分进行分析，提出针对性营销对策。

4. 结构方程模型法

依托主题公园旅游情境，基于体验理论、顾客价值理论、品牌关系理论、消费者创新性理论、全球消费导向理论等，结合体验价值和主题公园目的地的特殊属性，构建结构方程模型，对变量间路径机制进行模型检验和假设检验，探讨主题公园各种物理属性和无形因素对游客体验的影响路径、消费者创新性和全球消费导向对该关系的调节效应，以及不同体验要素对品牌关系不同维度的影响。

三、理论创新和学术价值

旅游体验已成为旅游学科的重要研究领域，已有大量高价值研究成果出现。但将旅游体验作为一种认知/情感因素并考察它对品牌顾客决策行为（顾客—品牌关系如信任、忠诚）的影响，这是一种新的研究视角。对文创旅游产品的品牌创建路径进行探索，并以主题公园这一典型产业为调研对象，研究内容和材料具有一定创新性。选题体现了对文化强国国家战略和文旅融合时代背景的响应，具有鲜明的时代特征和社会现实意义。

本研究既丰富和深化了现有品牌关系理论，提供了新的研究视角；又拓展了旅游体验研究的外延和边界，促进了学科交叉融合研究。

四、应用价值和经济、技术、社会效益

（1）本研究可为文化旅游企业的体验管理和品牌关系管理提供诊断方法及改进路径参考，提供技术效益；企业提升产品体验能吸引更多游客，提升经济效益。

（2）游客获得良好的旅游体验、与文旅品牌建立良好的关系，既满足了人民对美好生活的向往追求，也提升了企业软实力，因此也利于促进良好社会效益的达成。

研究发现，游客的综合游玩体验对"信任/依赖、承诺、社会价值表达"这三种品牌关系有显著正向影响，而功能与认知体验、关联与价值体验、情感体验、消极体验又受到乐园的设施与氛围、创新力等几项因素的显著影响。这些发现揭示了体验管理和品牌关系管理的重点所在（如游乐设施、主题氛围、设计、技术创新等要素），可助力企业查缺补漏、最大化利用好自身资源。

中国国际友城的入境游效应研究

作　　者：王亚辉
依托单位：湖南财政经济学院
成果类别：个人成果

一、研究内容

　　首先，研究全面和系统地梳理了"推—拉理论""伙伴关系理论""城市外交理论"和"入境旅游影响因素理论"等理论，以及阐述了上述理论在本著作中的应用。其次，著作将长期以来被忽视而又对入境旅游产生影响的变量"国际友城关系"纳入了入境旅游影响因素模型，并着重从以下六个方面进行了详细论证。第一，中国国际友城的时空演变特征与规律。包括国际友城外方城市的空间分布特征与规律、国际友城中方城市的空间分布特征与规律。第二，中国入境旅游的时空演变特征与规律。包括入境旅游相关指标（入境外国游客、旅游外汇收入、入境客源国的空间集中度等）在国家、31省（自治区、直辖市）和中国 60 个典型城市三个层面的特征。第三，国际友城关系与入境旅游的相关性及其作用机制。主要包括国家、省际和典型城市三个层面国际友城累计数与入境外国游客数之间的皮尔逊相关分析，以及不同类型国际友城关系对中国入境游的作用机制。第四，"有无国际友城关系"对入境外国游客的效应。主要运用面板数据模型从国家、省际和典型城市三个层面，在控制其他影响入境外国游客规模的情况下，考察了缔结国际友城关系是否显著增加了入境外国游客规模。第五，国际友城类型对入境外国游客规模的效应。从国家、省际和典型城市三个层面，分别考察了外交型国际友城、文化与技术交流型国际友城以及经贸等领域的务实合作型三种国际友城类型对入境外国游客规模的影响及其在区域间的异质性。第六，国际友城累计数对入境外国游客规模的效应。运用工具变量回归法分别考察了随着国际友城累计数的增加，是否对入境外国游客接待规模产生影响，以及这些影响又是否存在区域间的异质性。

最后，根据研究的结论，从国际友城空间布局的优化、国际友城之间旅游领域务实合作的加强以及签证的进一步便利化等方面提出了相关政策建议，特别针对如何借助国际友城关系，推动中国与"一带一路"沿线国家之间入境旅游的发展提出了建议。

二、研究框架和研究方法

（一）研究框架

首先，研究对核心概念进行了界定，并阐述了研究所依赖的理论基础。先从"城市"概念的介绍入手，层层递进界定了"典型城市""国际友好城市"和"效应"等核心概念。在理论基础部分，重点介绍了以下几方面的内容："推—拉"理论的起源与发展及其在旅游研究中的应用；城市外交的兴起与内涵、城市外交与国际友城的关系；伙伴关系的内涵、伙伴关系与国际友城的关系以及入境旅游的主要影响因素。

其次，专著阐述了中国国际友城与中国入境旅游的发展现状和特征。主要从国家、省际和典型城市三个层面阐述了中国国际友城的发展现状，分析了中国国际友城的发展特征。包括国际友城在三个层面的空间分布特征。其中，总结列出了与中国缔结国际友城数量排名前 38 位的国家与中国缔结国际友城的数量情况，以及国际友城自1973—2016 年在主要国家的年度分布情况；阐述了中国 31 省（自治区、直辖市）缔结的国际友城数量及排名情况，以及国际友城活动在省际层面的先后发展情况；归纳了 60 个典型城市样本自 1973—2016 年缔结的国际友城数量情况；比较分析了 60 个典型城市按东、中、西部和东北地区划分后缔结国际友城的时间趋势；剖析了入境旅游在国家、省际和典型城市三个层面的发展现状和特征。重点比较分析了国家层面、31省（自治区、直辖市）和 60 个典型城市层面，入境外国游客、旅游外汇收入以及对入境外国游客市场依赖性的基本情况、差异及其成因。

最后，从国际友城累计数与入境外国游客数的相关性分析出发，分析了二者的皮尔逊相关性，以及外交型国际友城等三种国际友城类型对入境游的作用机制，在确定二者的正相关后，再从"有无国际友城""国际友城类型"以及"国际友城累计数的增加"三个维度，分别考察了它们对国家、省际和典型城市入境外国游客规模的效应。若从上述三个角度均能证实对入境外国游客规模存在显著效应。

（二）研究方法

专著采用了定性与定量相结合的研究方法。其中，文献分析法与比较研究法是本文运用的主要定性研究方法。比较研究法是贯穿专著的主要方法之一，该方法的运用重点体现在六个方面：第一，比较分析了国际友城发展初期与现阶段的目的；第二，在回顾中国国际友城的发展现状时，比较分析了中国国际友城在国家、31 省（自治区、直辖市）和 60 个典型城市层面的时空演变特征；第三，在回顾中国入境旅游的发展现状时，比较分析了入境旅游在国家、31 省（自治区、直辖市）和 60 个典型城市三个层面的时空演变特征；第四，比较分析了"有无国际友城""国际友城类型"对入境外国游客规模的效应；第五，在考察"有无国际友城""国际友城类型""国际友城累计数"对入境外国游客规模的效应时，比较研究了该效应在区域间的差异性；第六，在估计国际友城累计数对入境外国游客规模的效应时，比较了普通最小二乘法（Ordinary Least Square，OLS）、固定效应法（Fixed Effect，FE）、随机效应法（Random Effect，RE）等估计方法的稳健性。

定量研究方法的运用主要体现在以下方面：第一，借鉴了刘军胜等在《1997—2010 中部六省入境旅游流集散时空动态分析》一文中使用的"入境游客流集聚指数"，用于计量"客源国空间集中指数"。第二，在测量 31 省（自治区、直辖市）和 60 个典型城市入境外国游客市场依赖性时，借鉴了 Beltman（1973）提出的"相对市场占有率"方法。不过专著在借鉴时，对该方法进行了细微的调整，专著中所使用的"相对市场占有率"是入境外国游客占入境游客的比例。第三，在测量国际友城累计数与入境外国游客数的皮尔逊相关系数时，运用了度量连续变量或定距变量间线性相关关系的皮尔逊相关测量方法。第四，在测度控制变量"客源国与中国的文化差异"时，借鉴了 Kogut 和 Singh（1988）在 Hofstede（1980）文化特质四维度的基础上提出的"文化距离综合指数"。第五，在测度控制变量"中国的对外开放度"时，采用了众多研究者普遍运用的"外贸依存度加外资依存度"进行综合衡量的办法。最后，运用多元回归分析法检验了有无国际友城、国际友城类型以及国际友城累计数的增加对国家、省际和典型城市入境外国游客规模的效应。在对数据进行平稳性检验时，为了避免使用单一方法可能导致的非稳健性，专著综合使用了迪克—富勒检验（DF）、扩展的迪克—富勒检验（ADF）、Choi 检验、Hadri 检验和 IPS 检验。运用豪斯曼（Hausman）检验、杜宾（Durbin）检验和"杜宾—吴—豪斯曼（Durbin-Wu-Hausman，DWH）检验"三种方法检验变量的内生性。在进行效应估计时，为了避免单一估计方法可能导致的估计结果的非稳健性，研究综合使用了普通最小二乘法（OLS）、固定效应估计法（FE）、随机效应估计法（RE）和工具变量法（IV）。

三、理论创新和学术价值

研究的理论创新和学术价值主要体现在三个方面：首先，创新性地将国际友城纳入入境旅游影响因素模型，将国际友城与入境旅游结合起来进行研究。既有的入境旅游影响因素研究成果通常探讨的是地区经济发展水平、人口规模、旅游资源吸引力、旅游设施接待能力、汇率、文化差异、对外开放度和签证便捷性等因素对入境旅游的影响。研究创新性地分析了它们在国家、省际和典型城市三个层面之间的相关性，实证考察并证实了有无国际友城、国际友城类型，以及国际友城累计数的增加对入境外国游客规模的影响，这在一定程度上丰富了入境旅游影响因素理论。其次，在考察国际友城对 60 个典型城市的入境游效应时，创新性地将"城市的国际知名度"作为控制变量纳入了分析模型。最后，创新性地提出了新时期入境外国游客市场增长的"突破口"和具体路径，即利用"国际友城"推动入境外国游客市场规模增长。国际友城累计数的增加虽然能在一定程度上推动入境外国游客市场规模增长，但应充分意识到：我国国际友城的分布欠均衡，以及不同类型国际友城对入境外国游客市场的推动作用存在显著差异。

四、应用价值和经济、技术、社会效益

研究的应用价值在于为国家、31 省（自治区、直辖市）和城市利用国际友城关系推动入境外国游客市场增长提供了理论依据。学界与业界关注较多的是依靠签证、航权、免税、自由贸易等便利化政策，以及目的地营销、旅游产品质量和环境质量的提升等对中国入境旅游的推动作用。通过本研究证实了缔结国际友城关系、增加国际友城数量同样对我国入境旅游具有积极的推动作用。无论是国家还是省际和城市层面，都应当树立发展同其他国家（城市）的国际友城关系，能有效推动本国（本省或城市）入境外国游客市场规模增长的意识。

新形势下网络舆论引导工作创新研究

作　　者：张武桥
依托单位：贵州财经大学
成果类别：个人成果

一、研究内容

本研究瞄准当前中国网络文化建设发展的伟大实践，从理论和实践结合上系统阐释了新时代如何增强和提升中国网络文化软实力这个重大课题，为当代中国网络文化软实力建设发展提供了理论基础和决策参考。全书共五章，主要围绕"如何加强不良有害的网络文化治理""如何增强网络文化的正能量效应""如何创新网络舆论引导工作体制机制"等内容展开，尤其注重聚焦近年来我国文化旅游领域的网络舆论危机事件进行反思，从制度安排与路径选择的维度，营造清朗的网络文化空间环境，不断推进中国网络文化大繁荣大发展。

二、研究框架和研究方法

（一）研究框架

本研究从研究框架上而言，主要包括网络舆论引导工作体制和网络舆论引导工作机制两大主体内容，具体言之，通过完善网络管理领导体制、构建网络协商民主制度、推行网络安全审查制度和优化网络实名登记制度四个方面构建了一个科学高效的网络舆论引导管理体系；从构建网络媒体监管、媒体行业内部自律、优化网络新闻发布、提高社交媒介素养、网络舆论风险应对五个方面形成操作性强、多方协同的网络舆论引导联动机制，以此为基础，不断增强和提升中国网络文化软实力，为当前的国家政府治理和学术界研究提供必要的理论支撑和借鉴意义。

（二）研究方法

本研究有意识地运用交叉学科的方法，涉及新闻学与传播学、文化社会学、公共管理学、心理学等多领域的理论知识，综合运用案例分析与理论分析相结合、数据分析与事实分析相结合、历史分析与当下分析相结合的研究方法，使研究更具说服力，保证课题在论点、论据和论证上的全面创新。

三、理论创新和学术价值

（一）理论创新

虽然学术界关于网络舆论的相关论著也有一定的研究成果，或是给出了价值所在，或是提供了理论借鉴，或是形成了逻辑起点，无疑是重要和必须的。但由于研究目的和着力点的侧重不同，这些成果并没有全面、系统、深入、有针对性地对新形势下如何增强和提升中国网络文化软实力进行研究。本研究旨在对新形势背景下中国网络文化大繁荣大发展的关键问题进行系统的认真探索。于此，本研究成果着力在以下方面进行突破创新。

（1）学术思想创新：处于全媒体时代，作为反映社情民意的重要平台，社交网络媒体的作用日益彰显。本研究的最终落脚点在从制度安排与路径选择的维度，对当前的中国网络文化软实力建设进行重点研究，研究对象具有一定的时代性、前沿性和现实性。

（2）学术观点创新：本研究重点通过完善网络管理领导体制、构建网络协商民主制度、推行网络安全审查制度和优化网络实名登记制度四个方面构建了一个科学高效的网络舆论引导管理体系；从构建网络媒体监管、媒体行业内部自律、优化网络新闻发布、提高社交媒介素养、网络舆论风险应对五个方面形成操作性强、多方协同的网络舆论引导联动机制。

（二）学术价值

本研究重点通过完善网络管理领导体制、构建网络协商民主制度、推行网络安全审查制度和优化网络实名登记制度四个方面构建了一个科学高效的网络舆论引导管理体系；从构建网络媒体监管、媒体行业内部自律、优化网络新闻发布、提高社交媒介素养、网络舆论风险应对五个方面形成操作性强、多方协同的网络舆论引导联动机制。这些体制机制的建构对于当下中国网络文化软实力建设开创了新的研究维度，其学术价值的重要性不言而喻。

四、应用价值和经济、技术、社会效益

本研究主要聚焦于当前中国网络文化软实力建设，通过大量案例分析，针对当前网络空间中的舆论格局，从媒体如何服务社会公众、如何正确引导网络舆论的维度来推进社会治理创新、助推国家治理体系与治理能力现代化，研究成果对于营造清朗的网络文化空间环境，不断推进中国网络文化大繁荣大发展具有重要的借鉴指导意义和应用价值。

本研究 2020 年 9 月由国家级出版社——中国社会科学出版社出版，不仅可以为当前高校师生提供新闻传播类的一本重要参考书，而且可以作为新闻传播学类专业课程《舆论学》的一本重要教材，甚至可以为当前国家文化和旅游部门在处置、防范网络舆情危机事件时提供一定的技术指导。因此，本书出版后，受到业界、学界读者的广泛关注，为当代中国网络文化建设发展、增强和提升中国网络文化软实力提供了新的理论基础和决策参考。

县域会展经济发展研究：经验、模式与路径

作　　者：苏永华

依托单位：杭州科技职业技术学院

成果类别：个人成果

一、研究内容

习近平总书记曾说，办好一次会，搞活一座城。一个展会可以改变一座城市。作为城市形象的新窗口和城市经济的新杠杆，会展业的巨大价值也同样被县域城市关注。20多年来，中国县域会展经济蓬勃发展，从无到有、由少至多、自弱变强的发展历程中涌现了义乌、昆山、永康、余姚等一批具有典型性和代表性的县域会展城市，演绎了小城也能办大展的生动实践，对地方经济发展产生了巨大的拉动作用。纵观全国，众多小城或因展而盛，或因会而荣，或因节而兴，或因赛而名，但所有县域城市的会展传奇无不是依托地方独特的产业、区位、自然、地理、人文景观等优势，因地制宜发展而成，它们中或以细分行业"独角兽"展会打造为优势，或以人民喜闻乐见的节庆活动为平台，走出了各具特色的县域会展发展道路。

与中心大城市相比较，中小城市在经济规模、区位优势、设施服务等方面客观存在差距，但是随着中国会展产业的发展深化，一线大城市会展产业或将逐渐因人口、土地、环境以及成本等问题导致发展放缓，如何充分挖掘中小会展城市的发展潜力，让小城市接续原先大城市会展业快速发展的强劲势头，实现会展业区域纵深发展是增强中国会展经济韧性和实现中国会展业稳步增长的关键。无论是从大城市"城市病"的治理还是稳增长、扩内需的宏观调控视角来看，在一线城市成为经济结构转型升级领头羊的同时，推进中小城市高质量发展，是中国高质量、可继续发展的关键，而会展业在实现区域协调发展、城乡协调发展进程中将大有可为。信息网络的普及，高铁

网络的迅速发展，政策和技术的推动都让原先制约中小城市会展业发展的障碍不复存在，县域会展经济由此也迎来了新的历史机遇期。

县域会展经济的可持续发展离不开理论指导。驱动县域会展经济发展的动力源泉何在？县域会展经济发展的动力机制与中心大城市会展经济发展的动力机制有何不同？如果用同一把尺子衡量发展水平，县域与县域之间的发展差异如何，哪些因素更多地影响了县域会展经济的竞争力水平？中国县域会展经济历经20多年的发展和探索，积累了哪些宝贵的发展经验，又形成了哪些行之有效的发展模式？区域会展业的竞争有何趋势？未来县域城市发展会展经济又有何发展路径可供参考和选择？这些问题都值得进一步研究和探索。

在这一背景下，本研究聚焦中国县域会展经济发展问题，对县域会展经济的概念内涵、产业价值、驱动机制、竞争评价、发展模式等内容开展了深入研究，并对新时代县域会展经济区域协调发展路径进行了探索性思考。（1）在厘清已有县域会展研究边界基础之上，将县域会展界定为具有较为独立和清晰边界范围的县域行政单位内所开展的会展活动及其形成的产业，并对县域会展经济的理解从广义和狭义、大会展以及产业融合三个视角进行了深入阐释；（2）发展县域会展其价值集中体现在对主题产业的促进效应、对周边产业的溢出带动、对城市发展的作用和对提升居民获得感上；（3）县域会展经济发展的动力主体由与县域会展经济发展有利益相关的16大群体所构成，其发展动力模式是一种主导动力驱动模型，按主导因素不同可分为四种类型，产业由内部因子、外部因子以及内外部因子之间的相互作用构成的复杂非线性系统所驱动；（4）结合县域会展经济发展的影响因素和动力因子，其竞争力评价可由城市环境、产业基础、支撑条件、需求状况四方面组成，具体评价体系由4个一级指标、11个二级指标和24个三级指标组成；（5）县域会展经济目前已经形成政府主导型、产业带动型、资源整合型和综合驱动型四种会展经济模式，同时呈现出政府主导推动、协会主导推动、场馆主导推动和组展商主导推动的四种县域会展竞合发展态势。

二、研究框架和研究方法

（一）研究框架

本研究从县域会展的概念内涵界定入手，从县域会展经济的发展动力、竞争力评价、经验提炼、发展模式和发展路径等多角度开展深入研究。具体研究思路上，采用规范研究与实证研究相结合、质性研究与量化研究相结合的方法，在县域会展经济的规范研究、县域会展经济的驱动机制研究、县域会展经济的竞争力研究、县域会展经济的发展经验与模式研究方面开展重点研究，充分利用各类文献及第三方资源，获取县域经济基本数据和县域会展统计数据，并组织开展县域会展经济发展案例调研，最终提炼和形成具有实践指导价值的县域会展经济发展模式，并提出区域协调发展对策。

（二）研究方法

1.文献分析与专家咨询法

从目前已有研究成果来看，与县域会展经济或中小城市会展经济直接相关的文献数量较少，但是基于特定城市的研究成果（不区分目的地等级）整体上看还是比较丰富，很多研究也具有一定的参考价值。文献分析与专家咨询法将贯穿于研究全程，特别是在竞争力模型构建、典型城市发展经验总结等方面。

2.案例研究与统计分析法

以浙江为例，几乎每个县或县级市都有较知名的会展活动，县域会展发展呈现出"一县一品"、百舸争流的发展态势。基于案例分析和经验提炼的需要，研究将选取重点县域会展城市进行走访，选取政府主管部门、协会、企业、场馆开展调研，积累案例成果素材，为理论升华提供生动材料。就县域会展城市竞争力研究而言，研究将采用层次分析法（AHP）开展县域会展经济发展竞争力的评价。

3.跨学科研究方法

除上述列明的研究方法之外，研究中还将综合采用管理、经济、文化等多学科的理论和方法开展研究，既包括学科交叉共同的案例法、比较法、模型法、归纳法等，也包括各学科独有的研究方法。

三、理论创新和学术价值

本研究的主要理论创新有：第一，在已有研究与实践基础之上，对县域会展、县域会展经济的内涵、特点及其价值进行了全面阐释，初步提出和构建了"县域会展"这一学术研究话语体系；第二，基于竞争力评价理论和层次系统剖析基础上，构建了更为适配的县域会展经济竞争力指标体系；第三，通过对重点城市发展案例解剖，从理论层面上总结了县域会展经济发展的四种模式，这既是对实践的科学总结，也是为当下县域会展经济发展实践提供了理论指导。

会展业作为助力县域经济转型升级的重要抓手，在着力做大做强县域经济、推动经济社会高质量发展的背景下，本研究在加深县域会展经济内涵和驱动机制的理解、明确县域会展经济发展水平差异、寻求县域会展经济发展的有效模式和发展路径等问题方面，也均具有显著的学术研究价值。初步构建了县域会展经济的分析框架和理论体系，为会展经济研究增添了新成果，为同行研究者提供了新参考，同时也是县域会展经济理论研究的投石之作。

四、应用价值和经济、技术、社会效益

本研究通过对我国 20 多年的县域会展发展实践进行总结梳理，从理论上探求县域会展经济的发展规律，为更多准备进入或者已经在县域会展发展道路上的城市提供理论支持和实践指导。

县域会展发展的实践智慧，是构成中国会展发展经验和发展智慧的基础性因素，是汇聚中国精神和中国力量的重要组成。总结和提炼县域会展发展经验和模式，将有助于更多奋斗在路上的县域会展城市兼容并蓄、博采众长，从而在更大范围内实现县域地方经济、社会和文化的协同发展，助推城乡统筹发展与和谐社会建设，助力改革发展成果全民共享和中华民族伟大复兴。

文旅新探索

作　　者：刘锋
依托单位：北京巅峰智业旅游文化创意股份有限公司
成果类别：个人成果

一、研究内容

《文旅新探索》是对近年文旅发展方面的理论与实践的集萃，深度思考了在文旅行业的一系列现象。

抓本质：挖掘和阐述第一性原理和旅游本质。旅游的形式千变万化，但核心本质不变，万变不离其宗，自有其内在规律。以独创的"旅游12头"理论说明旅游的核心本质和第一性原理是"打动游客的心"，做旅游就是要化繁为简，直指核心。

重产业：提出了文旅产业的核心规律。中国文旅发展面临文化产品结构性供给短缺；文旅产业人才供给依然短缺；低水平开发同质化竞争激烈；文旅企业素质能力整体不高四大问题。提出文旅发展离不开科学的策划规划的引领；文旅发展离不开打动人心的产品；文旅发展需要专业的运营来提质；文旅发展需要精益走心的服务四大要点。

新方向：提出旅游发展新方向。旅游发展将成为经济转型升级的持续动力；消费升级将依然是美好生活的重要抓手；文旅融合成为产业升级的加速器；智慧科技将带来旅游体验的持续变革；旅游产业将进入提质增效的关键期。

《文旅新探索》研究重点在于结合这些年来中国旅游走过的不平凡历程，大众旅游、转型升级、全域旅游、文旅融合等，通过将战略战术结合，理论实战结合，方向行动结合，分享更深的思考。

二、研究框架和研究方法

（一）研究框架（图1）

结合笔者20多年参与的文旅项目的实践，对文旅行业的持续关注，以及对于中国旅游经济发展和创新方面的理论研究，运用网络数据挖掘工具、传统的市场调研技术、网络调查和研究成果的实践性应用，试图较全面地把握文旅特征，探寻其核心本质。

研究分为十三讲，内容涉及怎样把握旅游本质（"旅游12头"理论）、怎样研判旅游大势（中国旅游发展的五个判断）、怎样当好文旅局长（正念、正知、正行、正觉）、怎样做好旅游规划（旅游规划"十个化"）、怎样做好旅游投资（旅游投资"三板斧"）、怎样做好旅游营销（旅游营销36计）、怎样做好智慧旅游、怎样做好全域旅游（全域旅游六全之道）、怎样做好文旅小镇（"五比重要"理论）、怎样做好旅游景区（景区发展"三板斧"）、怎样做好乡村振兴（五好乡村理论）、怎样做好夜游经济（巅峰六夜理论）、怎样做好旅游智业。

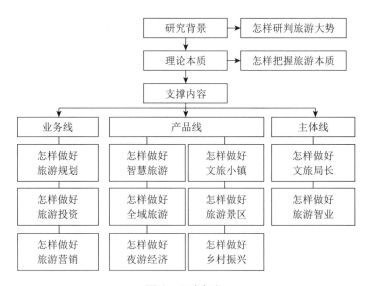

图1　研究框架

（二）研究方法

（1）实证研究法：实地走访1500多个区县，考察调研5000多个旅游项目，与游客、旅游从业者、企业、政府官员无数次交流，在海量实证调查中充分了解了旅游者在旅游经历体验中的诉求与欲望，通过大量的分析、综合、比较，归纳出旅游的本质属性和行业发展规律。

（2）经验总结法：推动近 50 个世界遗产地、5A 级景区、国家级度假区创建，主持百余项省、地市旅游发展规划，50 多个省市政府旅游发展高级顾问，指导 3000 多个旅游项目规划、运营、营销。通过在理论与实践中进行经验总结、归纳、分析，使之系统化、理论化。

（3）定量分析法：在旅游项目调查研究中，针对市场现状、市场变化趋势、经济发展与旅游消费关系、景区热度指数、旅游业态配比等现象，从数量特征、数量关系与数量变化等方面进行了大量的分析研究。

三、理论创新和学术价值

理论创新：在理论上自成体系，破解了旅游的本质，独树一帜，通俗易懂，深入浅出。其独创的旅游本质理论、夜游理论、特色小镇理论均成为业界经典，被奉为圭臬。在产业创新方面，破解了旅游产业链的运行规律，指出旅游产业存在的问题和发展方向。在实践创新方面，本书指导了贵州省、广东省、福建省、江西省、海南省、杭州市、成都市等百余项省、地市旅游发展规划，基于该书理论，助力打造了多彩贵州、大美青海、清新福建、华夏古文明·山西好风光、天下英雄城·南昌、浪漫之都·时尚大连、黄河入海我们回家、阿拉宁波等一批知名旅游目的地，并为福州、宜春等城市投放央视广告，落地了连平、浮梁、会昌等 OEPC 项目。编制的《伊金霍洛旗全域旅游顶层设计及三年行动方案》荣获文化和旅游部优秀研究成果奖。创新推出安庆太湖文博园《天仙配新传》、张家口下花园《西游归来》、济南大石崮《好汉山东》等"巅峰震撼"系列光影剧强势新 IP，其中《天仙配新传》还作为安庆文旅新名片，被央视新闻联播重点报道。《顺德华侨城空间秀》等系列夜游目的地新地标，已成为年轻人喜爱的网红打卡地。此外，还推动了松鼠森林、绿心童乡、欢乐星球、峰物文创、旅豆学堂等一系列落地产品。

学术价值：迄今为止已出版发行超过 10 万册，2020 年再提升后印刷 8000 册。笔者独创的"旅游 12 头"理论（国作登字 -2021-A-00034336）、"五比重要"理论（国作登字 -2021-A-00034337）、"五好乡村"理论（国作登字 -2021-A-00084235）、"景区三板斧"理论（国作登字 -2021-A-00084236）、"巅峰六夜"理论（国作登字 -2021-A-00084237）分别申请了知识产权保护。专著中的重要理论、观点及内容多次被专业学术文章引用和转载，如《立足旅游消费"12头"，打造文旅融合新亮点》《一篇大白话，讲透旅游纷繁芜杂的业态！》《旅游地产项目的"12头"理论》《有吃头：赴一座城，真可以只为美食？》等。

四、应用价值和经济、技术、社会效益

研究从理论研究到实践真知，应用价值突出。不仅将对文旅产业的发展和繁荣有较好的指导意义，同时也将对我国旅游业整体效益的发挥、旅游经济健康持续发展起到一定的推动作用。在政府机关、文旅行业从业人员、学术界具有优秀的口碑和巨大的影响力。

研究的相关内容在原国家旅游局党组、文化和旅游部产业发展司培训十余次，全国数十场省市级中心党组培训会，百余堂县级中心党组培训会，听课人数达几十万人，受到广泛好评。培训内容上承家国情怀，下接人间烟火，因地制宜于各省市县情，引风入景，化文为魂，提出了众多创新想法，引发强烈共鸣和热烈反响。

研究助力了贵州打造旅游强省、实现旅游高质量发展之路，见证了贵州旅游从全国倒数到全国前列。巅峰智业编制了《贵州省生态文化旅游产业发展规划》（2012）、《贵州省全域山地旅游发展规划》（2017）、《贵州省"十四五"文化和旅游产业发展规划》（2020）等一系列规划，提出了"山地公园省·多彩贵州风"旅游形象口号。增加了 1.2 亿元旅游发展资金；每年招商突破 1000 亿元，年旅游人数增长了 40% 多。经济增速连续十年位居全国前三，旅游业发展一路高歌猛进，创造了旅游总人数十年翻 9 倍、旅游总收入十年翻 12 倍的贵州速度。

研究报告类

——一等奖

推进长三角旅游市场和服务一体化建设联合调研报告

作　　者：姚国荣，陆林，杨兴柱，任以胜
依托单位：安徽师范大学
成果类别：集体成果

一、研究内容

　　研究指出，近年来，三省一市认真贯彻落实党中央决策部署，深挖旅游资源禀赋，加强对接协作，在协调机制、品牌培塑、产品开发、市场消费、行业监管等方面取得了积极进展，区域旅游联动发展日益成为促进长三角一体化的重要支撑和强劲动力。但是，长三角旅游市场和服务一体化建设正处于转型升级、跨越发展的战略机遇期，在推进更高质量一体化发展的过程中，面临的困难和挑战依然严峻，还存在一些短板和弱项有待解决：一体化机制规划协同依然不力、一体化产品联创开发依然不足、一体化宣介营销成效依然不够、一体化要素互通联动依然不畅、一体化服务体系质效依然不高等。因此，需要紧扣一体化和高质量两个关键词，紧密结合实际，抢抓战略机遇，以一体化的思路和举措统筹推进长三角旅游联动发展，共同完善协作机制和体系，提升融合广度和深度，丰富发展内涵和形式，具体包括：联谋一体化建设规划，开创协作发展新格局；联构一体化支撑体系，营造旅游市场新环境；联推一体化提档升级，拓展旅游发展新空间；联建一体化保障平台，打造服务品质新高地等。

　　该份报告作为安徽师范大学首次从"三省一市"省级政协层面，对长三角旅游一体化建设进行全面总结、全面诊断和全面良方，为长三角旅游一体化下一步建设发展的纲领性、指导性重要报告。

二、研究框架和研究方法

（一）研究框架

主要包括：长三角旅游市场和服务一体化建设基本情况、建设主要障碍、建设对策建议等。

（二）研究方法

课题组先后多次召开远程研讨会、视频论证会、专题座谈会、专家咨询会、课题组内部协调会等，实地考察三省一市近百家文旅企业、行业协会、新型旅游项目实体、行政管理单位，走访座谈数百名文旅部门干部、相关专家学者、文旅企业负责人及一线从业人员，汇集整理相关文件资料20余万字。同时采取网络调研、协同调研、书面调研等形式，深入了解长三角旅游市场和服务一体化建设情况。经过反复研讨，征求多方意见，形成该调研报告。

三、理论创新和学术价值

本研究主要在三个方面取得创新。

（一）研究多种方法融合

课题组持续收集资料、全程跟踪调研，形成较为完整翔实的研究数据资料。通过多种分析方法、不同研究视角，研究长三角旅游市场和服务发展路径。

（二）研究内容的系统性

以长三角旅游市场和服务为研究对象，从产品、红色旅游、国家化、服务体系等四个层面，建立多视角、多维度、系统性与科学性的研究内容。

（三）研究成果咨询服务性强

近年来，"三省一市"党委、政府认真贯彻落实党中央决策部署，深挖旅游资源禀赋，加强对接协作，在协调机制、品牌培塑、产品开发、市场消费、行业监管等方面取得了积极进展。区域旅游联动发展已经成为促进长三角一体化的重要支撑和强劲动力。

研究成果咨询服务性强。课题组撰写联合调研报告获得了浙江省委书记袁家军和时任安徽省省长李国英重要批示，在全国政协十三届四次会议上获得了"三省一市"政协主席联名提案，报告部分内容在《咨政》刊出以专供省领导参阅等，这些系列研究成果，为长三角一体化建设发展做出了重大突破性贡献，获得了高度评价。

该研究成果开创了长三角旅游和服务一体化研究新高度，填补了长三角一体化研究上的不足，丰富了长三角一体化研究内容体系，拓展了长三角一体化研究的广度与深度，为区域性旅游研究在我国发展提供有效的理论指导与技术支撑，为区域文化旅游发展科学研究者提供了样板和示范。

四、应用价值和经济、技术、社会效益

长三角一体化发展是习近平总书记亲自谋划、亲自部署、亲自推动的重大战略，是着眼于实现"两个一百年"奋斗目标、推进新时代改革开放形成新格局而作出的重大决策。为深入贯彻落实习近平总书记关于长三角一体化发展战略的系列重要讲话精神，共同推进长三角地区更高质量一体化发展，助力长三角地区建设成为高品质世界著名旅游目的地，长三角地区"三省一市（沪苏浙皖）"政协主席会议决定2020年开展"推进长三角旅游市场和服务一体化建设"联合调研。此次联合调研由安徽省政协牵头协调，安徽省政协具体委托安徽师范大学完成该项课题，设立了四个分课题，包括《盘活利用长三角红色旅游资源调研分报告》《提升长三角旅游市场国际化调研分报告》《建立长三角旅游服务质量新体系调研分报告》《加快长三角旅游产品一体化建设调研分报告》并撰写联合调研报告。

2019年年底，安徽师范大学姚国荣、陆林、杨兴柱教授等迎接挑战，接受安徽省政协委托长三角旅游市场和服务一体化建设报告撰写任务，这是安徽师范大学首次以"三省一市政协"高度参与此项课题。课题组撰写了高质量评估报告，得到全国政协、长三角"三省一市"党委、政府以及政协等相关部门高度认可与肯定。

"一带一路"倡议下的新时期海外旅游市场营销研究

作　　者：邓宁，李高广，李创新，孙欣念，蘧浪浪，吴昶霖
依托单位：北京第二外国语学院
成果类别：集体成果

一、研究内容

本研究对"一带一路"沿线 15 个重点国家旅华市场的基本情况及其入境游的发展现状进行阐述。主要包括了对上述国家的旅华市场发展现状分析，包括旅华市场基本情况和游客入境游现状；对"一带一路"沿线重点国家入境游客进行分析，包括入境游客画像、入境游客行为以及入境游客评价。在此基础上，为中国面向"一带一路"国家开展入境游针对性营销提出了"营销内容""传播渠道""产品服务"及"支撑保障"四个方面的具体建议。

二、研究框架和研究方法

（一）研究框架

为全面深入地研究"一带一路"倡议下新时期海外旅游营销所面临的问题，本研究主要从以下四个方面入手。

（1）整合来自运营商、航空、口碑数据等的一手数据，来自世界旅游组织、国家统计局、文化和旅游部等的官方数据，以及来自互联网的二手数据，通过对丰富多样

的数据分析，为下一步的研究做好支撑。

（2）通过对文化和旅游部国际交流与合作局相关处室的实地调研，深入探究了在海外旅游营销开展过程中存在的问题和深层次原因。

（3）在上述工作的基础上对"一带一路"沿线国家旅华市场进行了市场分析。然后通过多变量指标和专家评测后确定13个代表性国家而后逐一详细研究。

（4）在借鉴相关国家入境游营销经验的基础上，依据我国的实际情况，提出了针对"一带一路"沿线国家的入境游营销的相关建议，并针对新冠肺炎疫情对中国入境游的影响进行分析并提出了营销建议。

（二）研究方法

1.深度访谈法

对文化和旅游部国际交流与合作局分管副局长、相关处室（欧亚处、欧洲处、非洲处、美大处、综合项目处等）业务负责人开展多次面对面深度访谈，收集一手资料。

2.大数据分析法

（1）移动运营商数据

采用移动运营商中国联通数据，通过中国联通基站产生的信令，采集入境用户信息，包括客源国、入境口岸、逗留时长、出行轨迹等。本次重点选取2019年的"一带一路"15个重点国家和我国18个重点省份的数据（表1），并进行统计分析。

表1 本研究采集数据的时间和空间范围

数据采集时段	2019.1.1—2019.12.31
"一带一路"15个重点国家	马来西亚、越南、菲律宾、印度、巴基斯坦、沙特阿拉伯、伊朗、土耳其、俄罗斯、意大利、西班牙、英国、南非、新西兰、巴西
"一带一路"18个重点省份	新疆、陕西、宁夏、甘肃、青海、内蒙古、黑龙江、吉林、辽宁、广西、云南、西藏、上海、福建、浙江、广东、海南、重庆

（2）航空数据

本研究采用了中国航信系统数据，其覆盖旅客服务的旅行全过程，数据合法、信息有效。其离港系统覆盖国内外392家机场，在国内机场服务产品中占据重要市场地位；国内分销市场份额超过99%，海外航空公司机票分销超350家；拥有61家航空公司客户，成为全球第三大旅客服务系统（PSS）供应商。选取2019年"一带一路"15个重点国家和我国18个重点省份的数据（表2）。

表 2　研究中航空数据的范围

重点国家	数据来源	入境游客身份界定
马来西亚	54 家航空公司，849 个航班	
越南	66 家航空公司，742 个航班	
菲律宾	44 家航空公司，523 个航班	
印度	64 家航空公司，1435 个航班	
沙特阿拉伯	27 家航空公司，403 个航班	
伊朗	10 家航空公司，28 个航班	
俄罗斯	64 家航空公司，2009 个航班	旅客身份为经由离港国家机场进入中国，且携带离港国家护照的旅客
意大利	64 家航空公司，1221 个航班	
西班牙	55 家航空公司，1121 个航班	
英国	85 家航空公司，1623 个航班	
南非	31 家航空公司，432 个航班	
新西兰	30 家航空公司，695 个航班	
巴西	31 家航空公司，1298 个航班	

（3）UGC 数据

采用 TripAdvisor 网站的用户点评数据，选取入境游客人数排名前 10 的省市（广东、上海、江苏、河南、云南、北京、浙江、山东、福建、天津），根据网站"旅行者评分"的排名，分别采集各省市排名前 10 的景点、餐厅、酒店的用户点评数据（共100 家景点、100 家餐厅、100 家酒店）。本次数据共抓取游客评论 28535 条，其中景点评论 18600 条，酒店住宿评论 6335 条，餐饮场所评论 3600 条，并对数据进行文本和内容分析。

三、理论创新和学术价值

本研究综合运用了移动运营商信令数据、机场航空数据、UGC 口碑数据进行各国各地区游客行为、偏好、旅游意愿等分析；同时，结合实地采访文化和旅游部国际交流与合作局相关部门负责人，对各类数据所产生的可能偏差进行了校准和情况分析，使得大数据得到的结论与各国各地区实际客情基本相符。多源大数据的融合与校准属于学术问题，也是在实际研究报告撰写过程中探索的经验和方法，具备一定通用性和学术价值。

四、应用价值和经济、技术、社会效益

本研究基于客观的数据和科学严谨的分析，客观地呈现并展示出"一带一路"沿线重点国家的营销状况，提出具有针对性的建议和给出提升改进方向的对策，特别是课题在研究过程中遭遇新冠肺炎疫情暴发的突发情况，课题组也积极探讨了疫后目的地营销如何助力未来入境游重启及复苏等话题，对推动文化和旅游部和各省市文化和旅游厅开展针对"一带一路"重点国家的目的地营销及入境游疫后恢复工作具有较强的指导价值。

课题于2020年8月顺利结项，研究成果以研究报告的形式呈报部领导、印发部内相关业务司局、各省（区、市）文化和旅游主管部门及驻外文化和旅游机构，对文化和旅游部相关部门开展面向共建"一带一路"国家入境游发展的政策制定和举措实施起到了积极作用。

研究报告类
——二等奖

基于时空地图的川滇南方丝绸之路文化遗产廊道重建研究

作　　者：阚瑷珂，何杰，吴旭，刘玉邦，项清，杨枭，崔心瑞
依托单位：成都理工大学
成果类别：集体成果

一、研究内容

研究内容分为以下三个方面：

（一）南方丝绸之路历史路径虚拟重建

系统梳理南方丝绸之路历史路径演变过程，以汉代、唐代和清代为时间基准点，精细复原南方丝绸之路不同时期、不同称谓的分支古道演变轨迹，重构不同历史时期骨干线路演变的三维时空框架。研发能够动态标绘其时空坐标位置的在线交互系统，利用地理信息系统软件开发技术，重建了南方丝绸之路演变轨迹的时空过程，为研究大型线性文化遗产的发生与发展史提供了一个可视化的历史地理过程重构平台。

研究成果获软件著作权3项：①基于时空地图的遗产廊道重建软件V1.0（2021SR0342132）；②南亚文化走廊人文遗产历史地理信息系统 V1.0（2019SR0905825）；③南方丝绸之路历史路径变迁模拟 WebGIS 系统 V1.0（2019SR0751854）。以基于 GIS 云地图服务的地图故事创作完成全国性学科竞赛作品《南方丝绸之路》，获优胜奖和优秀指导老师奖。

（二）南方丝绸之路对古村镇演化影响

针对南方丝绸之路作为遗产廊道的变迁过程与沿线文化遗产资源演化的耦合关联，以对古村镇影响为例，研究古村——古镇空间关联图谱构形与发育过程，揭示线路变迁与古村镇分布演化的空间互动作用机制。根据南方丝绸之路嬗变性质，研究茶马古道、藏羌彝文化走廊等作为重叠区段、相近性质的贸易线路和移民通道，对沿线古村镇分布演化的影响，发现并解释了古村镇空间关联特征的形成模式所呈现的文化扩散影响规律。

研究成果《四川茶马古道交通变迁对沿线商贸型古村镇演化的影响》在《世界地理研究》期刊上发表。

（三）南方丝绸之路地理场景虚拟重建

选取南方丝绸之路沿线重要节点城镇为典型历史地理场景，研究一种基于场景叙事的数字化表达方法，构建跨越时空的文化空间虚拟景观。通过建立以主题、空间、过程、关系以及场景要素的关联机制为线索的场景叙事范式，解析文化景观中的自然与人文要素内涵。在此基础上，研发了一种便携式集成化展陈新装置，供博物馆参观者体验基于场景叙事的南方丝绸之路虚拟重建内容。

研究成果在全国性学术会议上发表论文 1 篇并作会议交流：《基于 VR 场景叙事的南方丝绸之路文化空间景观数字化方法》；获软件著作权：基于群体仿生计算的虚拟互动状态模型软件 V1.0（2019SR0773944）；授权实用新型专利：一种便携式虚拟现实设备集成化展陈装置（ZL202021566888.2）。

二、研究框架和研究方法

研究报告以数字人文为理论依据和创新突破口。首先，系统梳理南方丝绸之路作为官道发展、嬗变及衰落的全历程，研究南方丝绸之路作为遗产廊道的变迁过程与沿线文化遗产资源演化的耦合关联，揭示线路变迁与古村镇分布演化的空间互动作用机制。其次，精细复原主要历史时期路线演变轨迹，还原南方丝绸之路发展的三维地理环境条件，选取重要节点城镇为典型场景叙事场所，构建基于 VR 叙事的地理场景。最后，以大型线性遗产廊道为虚拟研学旅游的体验载体，研发面向南方丝绸之路的便携式虚拟现实展陈设备，投放博物馆应用示范。

三、理论创新和学术价值

创新性主要在于：

（1）在地理学范式下融合现代地图学语言和虚拟现实等技术手段，提出并实践了一套重建大型线性文化遗产廊道的新方法体系。经田野调查和历史考据，推断复原了南方丝绸之路主要历史时期的路径走向，精准绘制了分幅历史地图。定义历史朝代、空间历史、历史功能三个维度的轴向坐标，重构不同历史时期线路演变的三维时空框架；借助 GIS、GPS 定位及轨迹跟踪技术，结合史实与地理分析，形成基于"点—线—网"精细复原历史道路网络系统的方法论。

（2）从理论方法设计到产品研发创新，走出了一条线性文化遗产开发利用的新路。提出并实现了一种以场景叙事为视角的文化空间景观数字化方法，构建跨越时空的大型线性文化地理空间。通过历史故事、事件及人物角色设计再现，在 VR 方法技术支持下，研发成功面向研学旅游体验的南方丝绸之路虚拟互动平台和便携式展陈新装置。通过沉浸式 VR 手段讲述了丝路文明所承载的"四川故事"。

四、应用价值和经济、技术、社会效益

依托本研究报告提出的重要观点和结论被多家单位采用。发表高质量论文 2 篇，获授权实用新型专利 1 项，软件著作权 4 项，全国性学科竞赛奖 1 项，提交智库要报 1 份，培养本科和硕士人才 6 名。

实地调查行程遍及川滇 5000 余公里，其基础性调研成果对国家文物局正在开展的"丝绸之路南亚廊道"文化遗产研究和保护利用工作具有一定参考价值。相关论文发表和竞赛成果视频面向互联网公开访问，宣传、推广了南方丝绸之路这一西部地区的重要线性遗产廊道。

提交的智库要报《进一步推动南方丝绸之路文化活化及文旅融合发展的建议》，站在新的历史方位，提出了南方丝绸之路遗产廊道协同构建与发展的新思路，系统性规划了路径举措和建议，对四川省建设川南国际旅游经济走廊和"大蜀道"文化旅游品牌具有参考意义。

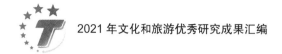

　　成果被转化到实际应用场景，初步实现了具有四川特色的丝绸之路文旅资源数字化，对推动天府文化创造性转化和创新性发展具有积极作用。研究成果在四川南方丝绸之路博物馆进行示范性主题展陈，为青少年研学实践教育提供了文化遗产的数字活化教材，丰富了研学旅行产品体系。

中国文化旅游发展报告 2019—2020

作　　者：程遂营，肖建勇，常卫锋，陈东泽，方亮，郭缨，郭志刚，郝湧璇，何启欢，
　　　　　李琳，刘雪蕊，彭恒礼，唐亚男，王欢，王雪丽，张野，张明明，张英俊
依托单位：河南大学
成果类别：集体成果

一、研究内容

《中国文化旅游发展报告 2019—2020》（以下简称《报告》）是由中国旅游研究院文化旅游研究基地、河南文化旅游研究院（河南大学）联合打造，由中国旅游出版社出版发行的连续出版物。《报告》自 2015 年开始已连续出版 4 个年度，忠实地记录了文化旅游发展状况，在旅游演艺、博物馆旅游、主题公园、主题酒店等领域的基础上，每年新增收录文化旅游领域的新热点，本年度报告与时俱进地新增了夜间经济、康养旅游、遗产旅游等特色专题等专题。

二、研究框架和研究方法

本报告共分为十个专题。

在《报告》总论中系统阐释了后疫情时代文化旅游业面临的挑战和机遇。2020 年，新冠肺炎疫情给全球文化旅游业都带来了前所未有的灾难和挑战。从疫情发生前期的"关景区、停组团、防疫情"的全面停摆到全国疫情有了根本好转，文化旅游行业开始逐渐复苏，"预约、限流、错峰"成为常态化管控措施，部分地区和企业已经恢复至疫前水平。2021 年，文化旅游业还将面临哪些挑战，又有哪些机遇可以把握，《报告》聚焦疫情前后的文化旅游业发展，从文化和旅游融合的产业发展需求出发，对我国文化

旅游业面临的挑战与机遇做出基本研判，认为：面临的挑战主要有运营压力依然严峻、项目投资有所放缓、市场主体加速洗牌、门票经济雪上加霜、政策配套严重滞后等；存在的机遇主要有文化建设注入新动力、全域旅游优化消费环境、消费回流创造新市场、特色业态逆势增长、创意经济异军突起等。

在专题篇中，《报告》始终坚持为产业服务的理念，深度聚焦文化和旅游融合的新业态，重点对旅游演艺、主题公园、博物馆旅游、非物质文化遗产旅游、夜间经济发展、康养旅游、旅游文创、主题酒店、乡村旅游、特色小镇和旅游街区、文化遗产地等细分产业领域进行了详细分析和系统梳理，并做出相应的判断和总结。

第一章旅游演艺发展分析与展望。对旅游演艺发展的政策支持、投资热度、剧目数量、夜间演艺、实景演艺和区域集聚情况进行统计分析，以北京、上海、西安、开封和张家界的旅游演艺为例进行系统阐释，总结旅游演艺中存在的问题和未来发展趋势。

第二章主题公园发展分析与展望。对我国主题公园行业、产业发展政策、市场结构、主题公园收入情况和我国主题公园排名等现状进行分析，总结了我国主题公园的发展特征为主题公园的集中度较高，国际化、区域化竞争日益激烈，主题公园升级和发展以科技创新推动为主等。

第三章博物馆旅游发展分析与展望。博物馆旅游发展现状为博物馆数量稳步增长，博物馆研学旅行持续升温，夜游开放步伐加快，文创开发和智慧化建设不断加强。但同样也存在博物馆和旅游业融合度不高，研学产品体系不完善和文创开发的机制障碍亟待突破等问题。

第四章非物质文化遗产旅游发展分析与展望。将非遗融入旅游业的政策演进分为三个阶段：萌芽阶段、形成阶段和产业实践阶段，并对非遗主题馆、非遗演艺、非遗进景区、非遗纪念品开发的产业实践进行系统梳理，对非遗旅游发展中的旅游政策将进一步下沉和非遗文创产品的研发将进入快速增长期以及非遗的开发与展示将向场景化、体验化、生活化、产品化方向发展进行了预判。

第五章夜间经济发展分析与展望。对夜间旅游发展历程和发展特征进行具体分析，发现夜间旅游中值得关注的问题有：整体统筹偏弱，顶层设计不足，业态产品单一，独立IP偏少，公共配套不足，管理存在短板等。并对夜间经济发展趋势进行了展望，夜游将成为全域旅游、产业复苏的新抓手，IP和科技在夜游中角色越来越重要等。

第六章康养旅游发展分析与展望。本章对康养旅游的定义、内涵、发展动力、发展政策环境和康养旅游类型进行系统分析，同时运用重庆、四川巴中、海南博鳌乐城的康养旅游具体案例进行分析，康养旅游发展要加强从养身向养心过渡的内涵建设，加强从观光式体验到沉浸式体验的旅游设计和加强文旅融合，打造"康养旅游+"模式的发展趋势。

第七章旅游文创发展分析与展望。本章从对旅游文创产品的再认识入手，总结旅游文创的消费更趋日常化、品牌跨界融合效果良好、注重旅游文创空间的生态营造和旅游文创市场潜力上有巨大发展空间的特征，提出旅游文创向全品类扩张、向生活化发展、IP化升级和文创与演艺融合发展的趋势。

第八章主题酒店发展分析与展望。对主题酒店独特性、文化性和体验性特征进行总结，指出主题酒店发展中存在的文化主题趋同、创新性不足、文化呈现单一、产品不完善、文化形象模糊等问题。主题酒店发展应选择适合主题文化、因地制宜、不断创新，在坚持多样化的前提，深化文化内涵和品质，保证主题酒店建设的和谐性和可持续发展。

第九章乡村旅游、特色小镇和旅游街区发展分析与展望。本章分别对乡村旅游、特色小镇和旅游街区发展的现状、存在的问题和发展展望进行分析，"慢生活"体验成为乡村旅游发展的核心关键。"规范性建设"是特色小镇今后发展重点。旅游街区发展的关键是"场景化"和"沉浸式"氛围的打造。

第十章文化遗产地旅游发展分析与展望。首先对世界文化遗产地旅游发展现状进行分析。然后对世界文化遗产旅游发展中存在的问题进行分析，热门遗产地游客超载现象严重和文化遗产旅游整体发展不均衡等。最后对世界文化遗产旅游发展形式进行预判，预约成为主流，文化遗产"云旅游"进入快速发展期和文创产品为遗产旅游带来新爆点等。

三、理论创新和学术价值

《报告》通过详细分析、规范研究、案例研究、比较研究、分析式研究等方法，对于中国文化旅游的历史及现状进行梳理，得出诸多有益结论，对过去两年中国文化旅游出现的新现象、新案例、新问题进行了系统分析，对未来发展可能出现的新方向、新格局、新路径进行了科学的分析和研判，是对中国文化旅游发展一个较为全面系统的总结与探讨，为文化旅游发展做出翔实记录、扎实分析，提供了具有前瞻性的发展建议。

四、应用价值和经济、技术、社会效益

　　《报告》聚焦于文化旅游领域的十大热门专题，对各文旅专题近两年的发展现状、存在问题和未来发展期望进行了系统论证。《报告》的撰写始终坚持为产业服务的理念，深度聚焦文化和旅游融合的新业态，积极为企业、地方政府出谋划策，为地方文化旅游发展贡献绵薄之力。相关观点和内容不仅被《中国旅游报》《中国文化报》等权威媒体登载，还得到了河南、云南、山东、山西和江西等多省文旅系统的高度认可，同时多位参编老师受邀开设讲座和撰写专稿。

关于疫情下粤港澳大湾区游客流动造成的负面
社会影响及消解对策建议

作　　者：李师娜，宋海岩

依托单位：中山大学

成果类别：集体成果

一、研究内容

2020年年初，新冠肺炎疫情在世界各地迅速蔓延，新冠肺炎疫情的暴发和流行中，城市化和人口流动可能会起到加速作用。旅游业的增长和游客人数的增加可能会在流行病暴发时产生一些负面的社会影响，对当地社区构成健康风险，并产生一定的社会成本。无论是游客、从业者、旅游目的地居民，还是各级领导乃至学术界对上述问题都十分关心和关注。本研究的目标在于：第一，面对全球性疫情，旅游目的地居民如何描述旅游对地方的影响；第二，居民为了减少旅游带来的疫情风险，愿意支付的程度；第三，如何消解旅游城市中疫情造成的社会成本。

二、研究框架和研究方法

研究以粤港澳大湾区为研究对象（以广州和香港为例），分为两个部分：新冠肺炎疫情下游客流动带来的负面社会影响分析；降低负面社会影响及连锁反应的政策建议。主要采用三界二分选择条件估值法定量评估降低公共卫生风险的支付意愿，对疫情下旅游流动带来的社会成本进行定量研究，并对相关政策和媒体报道进行文本分析。

主要研究结果：（1）新冠肺炎疫情下，游客流动带来的负面社会影响是严重的和多方面的，比如游客流动造成了交叉感染风险增加、防疫难度增大、民众恐慌、歧视游客、损害城市形象；（2）疫情下的游客流动加深了部分港人对内地的不良情绪和对港府的不信任感，也加深了两地之间的隔阂；（3）疫情加深了部分香港人的恐慌心理和悲观情绪；（4）疫情对游客、旅游相关企业及其员工造成严重影响。基于这些分析以及以往我们的研究发现在文化教育活动中，引入高科技、新颖多样的文化形式，营造友好氛围，引导积极情绪，能够有效促进文化和民族认同感。因此，我们提出了一系列降低游客流动带来的负面社会影响及连锁反应的建议：其中包括在粤港澳大湾区开展以"'破冰'活动、打破隔阂"为主题，尤其针对青年学生的新颖多样的文化、教育、体育活动，比如，云录制"疫情慈善晚会"、"重大灾害的防控知识竞赛"等，加强交流和沟通，引导积极情绪，破除隔阂。

三、理论创新和学术价值

本研究丰富了危机事件管理以及旅游社会影响的研究，为评估和消解公共卫生事件带来的负面影响提供理论依据和应用模式。现有文献侧重于评估危机事件对旅游的影响，较少探索全球性公共卫生事件对旅游目的地产生的社会成本。因此，该研究是从一个创新视野的角度切入。此外，该研究所呈现的数据是基于一个创新性方法，即采用三界二分选择条件估值法，定量评估居民为降低游客流动产生的社会成本的支付意愿，该方法比起以往文献用于评估支付意愿的二界二分法能形成更加确定和可靠的研究结果。

四、应用价值和经济、技术、社会效益

针对新冠肺炎疫情下，游客流动造成交叉感染、民众恐慌及加深了香港和内地之间隔阂的紧急情况下，我们立即制订调研方案，组织调研并进行分析研究，写出了研究报告。在《南方智库》刊发后马上受到两位省委领导的重视并作了批示，说明了它的应用价值与社会效益。

报告有几个特点：

（一）现实针对性

报告是针对当时行业，从业者、游客、旅游目的地居民和各级领导都关心的热点问题进行研究并提出建议。

（二）及时性

该报告提交、刊发和获批示的时间是 2020 年 3 月，及时地为相关党委、政府部门了解民情民意、选择和采取应对的方案和措施，制定有效的政策措施提供了参考。

（三）服务性

针对热点问题及时研究并拿出成果，为领导和相关部门摸清掌握了解情况和问题，提出了具体建议。科研如何为现实的政治、经济、社会工作服务，这是我们一直努力在做和争取做好的事。

（四）参与性

在这场突发的公共卫生安全事件面前，在全国上下紧张地进行抗疫和支援抗疫中，我们用科研的方式参与进来，为抗疫工作做了力所能及的工作。

（五）科学性

虽然时间紧，环境复杂，香港"港独"势力正在捣乱的情况下，但我们还是进行了大样本的问卷调查，掌握了大量一手材料，用事实和数据说话。

（六）创新性

从研究内容来说，以往无论是学术研究还是产业部门，旅游对目的地的影响一直以来的重点是如何评估旅游发展对经济、社会文化等方面的价值。面对当前新冠肺炎病毒影响世界的严峻形势下，从现有旅游研究文献中，发现学术界侧重于衡量危机对旅游需求的影响，较少从当地居民的风险感知角度，探讨疫情对旅游目的地产生的社会成本。因此，我们的研究是从一个创新的角度切入。此外，该研究所呈现的数据是基于一个创新性方法，即采用三界二分选择条件估值法定量评估降低公共卫生风险的支付意愿，对疫情下旅游流动带来的社会成本进行定量研究，该方法比起以往文献用于评估支付意愿的二界二分法能形成更加确定和可靠的研究结果。当然，由于决策咨询文体文字量的限制，研究的理论创新和研究方法的创新在此是无法展现的。

不过，我们又做了"新冠疫情下游客流动造成的负面社会影响"的课题，对危

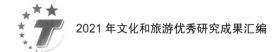

年文化和旅游优秀研究成果汇编

机管理，特别是旅游的社会成本方面进行深入研究；同时，从学术角度量化分析和讨论了疫情期间政府政策的有效性。分别形成了两项成果：一篇刊登在 *Annals of Tourism Research*，成为 ESI 高被引论文和热点论文；另一篇刊登在 *Journal of Travel Research*。

上海邮轮旅游服务贸易运行指引（2019）

作　　者：叶欣梁，孙瑞红，郭凌，梅俊青，王前锋，邹琳，朱红兵

依托单位：上海工程技术大学

成果类别：集体成果

一、研究内容

（一）研究上海邮轮旅游服务贸易发展现状及挑战

首先对上海邮轮旅游市场发展态势进行研判，主要从邮轮旅游市场需求变化、邮轮旅游市场供给、邮轮入境旅游规模等方面进行分析；其次对上海邮轮旅游服务贸易发展态势进行研判，得出上海邮轮船舶物质供应稳步发展、邮轮免税商业规模显著扩大等结论，对上海邮轮旅游服务贸易发展瓶颈进行分析，提出国际货柜转运尚未建立制度、邮轮船供本地采购无法退税等瓶颈问题。

（二）研究新冠肺炎疫情对邮轮服务贸易影响

新冠肺炎疫情重创全球邮轮市场，导致全球各大邮轮公司全面停航，中国邮轮市场首当其冲。本研究对新冠肺炎疫情对我国邮轮旅游市场规模增长、邮轮公司运营造成的影响、邮轮港口收入、邮轮修造服务等方面的影响进行系统的分析并进行数据测算。

（三）研究上海邮轮旅游服务贸易趋势和发展路径

对上海邮轮旅游服务贸易趋势展望进行分析，提出疫情过后邮轮服务贸易稳步恢复、邮轮研发技术服务贸易逐步兴起、国际邮轮船供中心功能将日益凸显、邮轮港入

境免税消费成新增长点等结论，提出完善疫情邮轮企业扶持体系，推动邮轮企业复工复产复市等结论，推动上海邮轮旅游服务贸易发展。

二、研究框架和研究方法

（一）研究框架

《上海邮轮旅游服务贸易运行指引（2019 年）》主要包含七章内容：

（1）引言（背景、界定邮轮旅游服务贸易的内涵与形式）；

（2）邮轮旅游服务贸易发展的新机遇（获批首个中国邮轮旅游发展示范区、长三角一体化等）；

（3）国际邮轮旅游服务贸易发展及变化（全球邮轮旅游贸易发展态势和特点）；

（4）我国邮轮旅游服务贸易发展态势（我国邮轮旅游服务贸易发展趋势、新冠肺炎疫情对邮轮服务贸易影响）；

（5）上海邮轮旅游服务贸易发展现状及挑战（上海邮轮旅游市场发展态势、上海邮轮旅游服务贸易发展态势、上海邮轮旅游服务贸易发展瓶颈）；

（6）上海邮轮旅游服务贸易趋势展望（疫情过后邮轮服务贸易稳步恢复、邮轮研发技术服务贸易逐步兴起、国际邮轮船供中心功能将日益凸显、邮轮港入境免税消费成新增长点、国际邮轮入境旅游消费逐步扩大）；

（7）促进上海邮轮旅游服务贸易发展对策建议（完善疫情邮轮企业扶持体系、加快推动邮轮产业政策创新、推动国产大型邮轮设计建造、推动国际邮轮产业配套集聚、建设国际邮轮旅游消费胜地等）。

（二）研究方法

（1）文献分析法。对国际邮轮经济发展的各类研究报告进行全面系统的分析，充分了解国际邮轮产业发展的最新现状和新趋势，并对国内外现有的学术研究成果进行深入的分析，采用"归纳—演绎"的方法进行总结，更为全面深入地把握国际邮轮服务贸易发展的内在规律和发展经验。

（2）专家访谈法。对国内外邮轮公司、邮轮分销旅行社、邮轮相关高校以及其他旅游相关机构的高管、专家、学者等进行访谈，了解邮轮产业各方对上海邮轮旅游服务贸易发展的认识和发展需求。

（3）案例分析法。对美国东海岸、欧盟地中海沿岸国家、波罗的海沿岸国家、澳大利亚等国家的邮轮产业案例地进行研究，研究国际邮轮服务贸易发展规律。

三、理论创新和学术价值

邮轮旅游服务贸易的概念一直以来未有清晰的定义，本研究初步界定邮轮服务贸易概念，认为是以邮轮旅游为核心衍生的服务贸易业态，主要含邮轮旅游服务、邮轮港口服务、邮轮研发设计技术服务、邮轮免税商业服务、邮轮船供、邮轮管理咨询服务、邮轮融资租赁服务、邮轮会展服务、邮轮保险服务、邮轮餐饮住宿服务等相关业态，并对邮轮经济全产业链涉及的服务产业类型进行分类归纳。

四、应用价值和经济、技术、社会效益

上海作为中国首个邮轮旅游发展实验区和示范区，带动中国成为全球第二大邮轮客源市场，加速构建中国邮轮自主设计、建造及运营管理、维修、服务等产业生态体系，对全国邮轮经济发展起到重要示范引领作用。近年来，上海邮轮服务贸易发展势头良好。在上海由邮轮旅游向邮轮经济转型发展中，编制《上海邮轮旅游服务贸易运行指引（2019年）》，较全面掌握上海国际邮轮旅游服务贸易发展的基本情况、存在的瓶颈问题以及下一步举措，更好推动上海邮轮服务贸易高质量发展。

中国冰雪旅游发展报告（2020）

作　　者：韩元军，刘花香，黄雪莹，战冬梅，辛安娜，张虹菲
依托单位：中国旅游研究院（文化和旅游部数据中心）
成果类别：集体成果

一、研究内容

为了全面落实习近平总书记"冰天雪地也是金山银山"发展理念，实现北京冬奥会"三亿人参与冰雪运动"战略，推动我国冰雪旅游高质量发展，在系统阐释"冰天雪地也是金山银山"理论内涵和时代价值基础上，全面总结了我国冰雪旅游发展成就、问题、方向和对策，分别从冰雪旅游消费、冰雪旅游投融资、冰雪旅游目的地、冰雪旅游小镇、寒地冰雪经济等方面对我国冰雪旅游发展的热点问题进行了专门研究。

第一部分，阐释了"冰天雪地也是金山银山"的理论内涵与时代价值，认为"冰天雪地也是金山银山"理念体现了构建人与自然生命共同体的生态观，体现了以新发展理念为引领的发展观，体现了以人民为中心的资源观。概括了我国冰雪旅游发展的成就、存在的误区，最后提出了我国冰雪旅游高质量发展的方向和具体对策。

第二部分，中国旅游研究院利用与携程建立的大数据联合实验室，发布了冰雪旅游消费大数据报告，除了总体消费规模、特定人群、主要冰雪景区、冰雪旅游线路的数据外，更加注重新消费、新产品、新市场的挖掘，关注境外冰雪旅游目的地、冰雪旅游产品的分析。

第三部分，分别从冰雪旅游投融资现状、投融资部分企业状况、投融资政策、投融资趋势、冰雪旅游投资建议等层面进行分析。试图分析我国冰雪旅游投融资的规模、问题、差距和未来方向，期望未来能够更好提高冰雪旅游投融资的效率。

第四部分，2020 中国冰雪旅游城市竞争力评价框架沿用了大部分原有框架指标和

权重，但对构成要素、权重分配、分析算法还是做了一些新调整。具体体现在两个方面：第一，冰雪资源多样性权重加大、算法更新，引入玛格列夫（Margalef）指数算法；第二，营销与公关指标内涵发生变化，新媒体纳入评价范围。

第五部分，在国家积极扶持特色小镇的政策环境助力之下，冰雪小镇日益成为特色小镇建设、冰雪运动的主体形态，也将成为落实新型城镇化战略，助力全民健身，助推中国经济转型的有力载体。本部分总结了国外冰雪旅游小镇发展的经验，分析了国内冰雪小镇的现状和问题，提出了未来发展思路。

第六部分，分析了寒地冰雪经济的内涵，将本研究的寒地地域指向黑龙江、吉林、辽宁、新疆以及内蒙古一带，分析了寒地冰雪经济的现状，指出了发展中面临的突出问题，提出了未来发展的对策。

二、研究框架和研究方法

本研究采用 1 个总报告 +3 个分报告 +2 个专题报告的形式，分别是总报告中国冰雪旅游发展概况，分报告冰雪旅游消费大数据报告、冰雪旅游投融资报告、冰雪旅游目的地竞争力报告，专题报告冰雪旅游小镇报告、寒地冰雪经济发展报告。

本研究以实证研究为主，注重规范分析、大数据研究、实地调研等多种方法的交叉应用，应用实地访谈和问卷调查法对我国冰雪旅游发展情况进行研究，在调研基础上，通过归纳和演绎方法构建我国冰雪旅游发展的研究框架。

三、理论创新和学术价值

（一）理论创新

本研究试图通过观点创新引领大众冰雪旅游需求和产业供给方向，主要观点如下：第一，冰雪旅游正成为落实习近平总书记"冰天雪地也是金山银山"理念和北京冬奥会"三亿人参与冰雪运动"战略的示范产业；第二，冰雪旅游正式上升为国家战略，政策红利持续释放；第三，大国冰雪旅游时代来临，冰雪休闲旅游成为一种时尚的生活方式；第四，冰雪旅游投资持续加大，冰雪冷资源成为旅游热经济。

（二）学术价值

第一，本研究系统阐述了习近平总书记"冰天雪地也是金山银山"的理论内涵与时代价值，为冰雪旅游高质量发展提供了理论支撑；第二，本研究构建了旅游目的地竞争力分析模型，为我国冰雪旅游参与全球竞争提供了一定的学术指标参考；第三，尝试构建了新时代我国冰雪旅游可持续发展的分析框架，为当代旅游发展理论体系构建提供了有益补充。

四、应用价值和经济、技术、社会效益

第一，本研究通过冰雪消费大数据、冰雪旅游投融资、冰雪旅游目的地竞争力分析，有利于打造一批冰雪旅游品牌，加快我国冰雪旅游高质量发展；第二，本研究有利于推动冰雪运动的大众化，为实现 2022 北京冬奥会"三亿人参与冰雪运动"战略目标做出积极贡献；第三，本研究有利于国家旅游发展提供冬季新动力，有利于为东北、西北、华北等冰雪资源富集区经济社会发展提供新的产业支撑。

研究报告类
——三等奖

破解一山多治：庐山的管理体制改革实践

作　　者：曹国新
依托单位：江西财经大学
成果类别：个人成果

一、研究内容

2016 年 4 月下旬，《国务院关于同意江西省调整九江市部分行政区划的批复》（国函〔2016〕36 号）下发。5 月 30 日庐山市正式挂牌成立。设立庐山市的基本思路为"撤县设市留局"，即撤销星子县，成立县级庐山市，保留庐山管理局，庐山市由省直辖、九江市代管。在庐山市成立半年、一年、一年半和两年的各个节点时间，省政协等单位多次组织专题调研，但调研结果都不令人满意。2019 年 2 月，江西省《政府工作报告》提出"加快庐山、庐山西海等重点景区管理体制改革"的重点工作任务。

二、研究框架和研究方法

笔者随省文化和旅游厅、省政府办公厅、省政协的相关调研组赴庐山市、井冈山市、贵州省、云南省、湖南省、安徽省开展相关调研，共召开座谈会 21 场，深度访谈 55 人，收集资料 40 余万字。初稿写成后，向老领导、老专家、老职工请教 24 人次，最终形成政府决策咨询报告。报告采用发掘现状、分析问题、案例借鉴、对策建议的研究框架。

三、理论创新和学术价值

（一）发掘改革现场：庐山设市三年"一体化管理新模式"未能形成

一是旅游项目建设依然没有"下山"。设市三年，庐山管理局项目建设均在"山上"，"山下"三年无旅游项目。长此以往，"力争用 3~5 年的时间，山上山下全部达到国家 5A 级旅游景区的标准"的目标无从实现。

二是旅游行政管理还是两个体系。撤销原星子县旅发委后，庐山管理局未真正接手整个庐山市的旅游行政管理。在庐山管理局原有机构基础上设立的庐山市财政局庐山景区分局等 4 个机构，也延续着改革前的运行模式。风景区核心区内的 14 个景区，也未按照《庐山景区旅游一体化管理行动方案》纳入庐山管理局统一管理，依然存在"票中票"等问题。

三是"山下"旅游资源未能激活。庐山市"山下"有 20 余处有建成 5A 级、4A 级景区潜力的优质资源。设市三年，庐山管理局未能整合全市旅游资源，盘活僵尸景区，激发资源活力。

四是"山上"旅游企业未能整合。庐山管理局 14 家下属企业和 82 个驻山单位尚未做任何整合工作，服务能力和水平非常落后，游客有"回到 80 年代"的点评。"山上"旅企包袱沉重、全面亏损、尚未整合的状态没有改变。

五是发展陷入"吃饭门票依赖"。截至 2018 年年底，庐山管理局有财政供养人员 3272 人，同年，庐山管理局总收入 4.40 亿元，其中门票收入 2.60 亿元，占总收入的 59%，总支出 5.44 亿元，其中工资福利占总支出的 60.66%，存在约 1 亿元的缺口，亏损严重，陷入了"无钱改革"的困境。

（二）分析借鉴结论：应剥离庐山管理局的一般行政职能

现有的庐山管理局有完备的行政体系、独立的人事权、执法权和独立的财政，几乎拥有一级政府的全部职能。由于庐山范围广大、辐射深远，"山上""山下"遍布顶级旅游资源，通过对国内体制改革比较成功的名山景区的实地调研和深度分析，庐山下一步措施应采取剥离景区管理机构行政职能的弱化模式，促使"旅游下山"。

（三）四点改革建议：明确方向、重点与抓手

一是明确剥离景区管理机构行政职能的改革方向。庐山改革不畅究其原因在于，

独立的人财物事等行政职权将庐山管理局锁定在了"山上"属地的本位主义和路径依赖之中，应剥离景区管理机构行政职能，彻底打破路径依赖与本位主义。

二是将建好庐山新城作为释放山上旅游资源的首要抓手。1996年庐山评定世界文化景观时，联合国教科文组织专家测算山上居民不应超过6000人。2010—2012年庐山新城一期下迁了4000余人，目前，山上居民还有1.5万人以上。应通过将庐山新城建设成为宜居宜业宜游的庐山市副中心，建成和谐新城，全面释放山上旅游发展要素资源。

三是将激活僵尸景区作为盘活山下旅游资源的重点工作。"山下"太乙村等大量僵尸景区，割裂了板块、浪费了资源、限制了发展，应限期解决僵尸景区问题，全面激活旅游资源活力，牢牢把握优质旅游资源开发主动权。

四是将建好旅游集团作为打造市场运行主体的第一要务。庐山旅游营运管理的行政化特征十分鲜明，已不适应当前发展形势，应将国有旅游企业整合成1~2家旅游集团公司或旅游投资公司，将庐山管理局和庐山旅游集团分别建设成为发展旅游产业的政府之手和市场之手。

四、应用价值和经济、技术、社会效益

新时代，旅游行业要担当构建现代旅游业体系的历史使命，推进传统景区体制改革是题中应有之义，然而传统景区生活空间与生产空间的双共享和事业产业双属性，要求景区体制改革必须遵循在"第一次分配"的层面上就同时实现效率与公平的原则，必须精细炒操作"一景一策"。

通过调研，本文认为：①景区管理与旅游经济区管理的融合是景区体制改革的内生动力，要进行组织成本与交易费用的对比；②多元目标的均衡协调与帕累托改善是景区体制改革的外在压力，要形成不断协调优化的自组织机制；③因地制宜界定政府与市场的分界线是景区体制改革的核心工作，要重视激发各级政府的"企业家精神"。

依托进博会等平台进一步强化上海开放枢纽功能研究

作　　者：杨勇，罗佳琦，刘震，程玉，邬雪，胡红岩，熊丹丹，朱星霖

依托单位：华东师范大学

成果类别：集体成果

一、研究内容

当前世界经济格局中，"逆全球化"思潮迭起，全球经济处于"失衡"与"再平衡"的变革进程中。上海要积极对照高水平对外开放枢纽门户的基本特征，依托进博会多维度增强"双循环"中的战略链接功能，积极打造连接全球、融通全球、覆盖全球、影响全球的对外开放枢纽门户。

基于此，本研究首先在理论层面界定"开放枢纽门户功能"的内涵和范围的基础上，对标纽约、东京、伦敦、巴黎等典型全球城市，系统梳理上海打造开放枢纽门户的成效与不足。进一步分析伦敦、新加坡、东京等全球城市如何利用展会实现高水平的对外开放，为上海利用进博会强化开放枢纽门户功能提供经验模式。

其次，研究进博会促进上海强化开放枢纽门户功能的关键领域和总体思路。总结进博会强化上海开放门户枢纽功能存在的不足，比如，在全球客源市场有待拓展、"保展商互转"不够通畅、高端要素聚集功能有待增强、联动机制有待优化等。然后，研究如何放大进博会作为国际化综合性超级商展的全局性关联效应、实现开放型经济新突破的路径和方式。

最后，以延伸进博会活动价值链为抓手，研究进博会提升上海城市能级、打造国际贸易中心、优化营商环境、推动区域协同开放的路径，及相应的政策建议。比如，

要以建设高能级平台为抓手，强化生产要素配置功能；要充分利用政策优势，强化行政在协调与统领；强化内在联系，实现进博会新片区同频共振；要优化空间格局和营商环境，建立极简审批制度、创新海关监管模式；要创新思路，打造国际化人才聚集新高地，多维度支撑上海开放门户枢纽建设。

本研究的特色在于，进博会对于上海强化开放枢纽门户功能的影响远不限于国际贸易中心建设，应在更大范围和领域内构建进博会溢出效应与上海高水平对外开放关系的分析框架，从而为更好地发挥进博会强化上海开放枢纽门户功能寻找突破口，并提出针对性的对策建议。

二、研究框架和研究方法

本研究框架分成如下几部分：

第一部分，理论分析，为后续研究奠定基础。采用文献和调研分析法，系统梳理上海"开放枢纽门户功能"的内涵和范围。

第二部分，识别现实问题，采用多指标综合评价法，总结和比较上海打造开放枢纽门户中存在的成效和不足。

第三部分，开展案例分析，研究进博会强化上海开放枢纽门户功能的不足与问题。①采用回溯性案例分析，总结东京、伦敦等其他全球城市借助大型会展活动实现更高水平开放的经验模式。②采用文本分析和实地调研法，梳理进博会新闻报道和宣传文件，分析进博会提升上海城市开放水平的不足与问题。

第四部分，识别关键领域，提出总体思路和重大举措。①采用归纳分析法，识别利用进博会强化上海开放枢纽门户功能的切入点和关键领域；②采用专家访谈法，考察在关键领域中进博会提升上海对外开放水平的思路和手段。

第五部分，制定近期抓手，优化机制保障。①采用问卷调研法，从参展商、观众和居民等不同视角分析进博会强化上海开放枢纽门户功能的诉求；②基于前期结果，揭示影响进博会功能发挥的机制体制短板，并采用补充性调研和访谈，提出可能的体制机制创新方向。

三、理论创新和学术价值

在理论创新方面，上海作为中国的开放枢纽门户，面临着全球价值链凸显、贸易保护主义升级、生产要素成本上升、国内环境变化、数字技术发展的对外开放新格局。因此，亟须寻找对外开放再出发的有效抓手，切实提升城市能级和核心竞争力，更好地服务国家战略和代表国家参与全球竞争注入新动力。作为主动扩大进口和开放市场的重要载体，进博会的举办为上海强化开放枢纽门户功能提供了良好的契机。如何整合各类要素，更好地发挥进博会的溢出效应，形成上海的竞争优势，是上海强化开放枢纽门户功能的挑战性课题。

在学术价值方面，本研究立足于上海对外开放的现实背景，提出"延伸进博会活动价值链，强化上海开放枢纽门户功能"的基本观点。通过分析上海在打造对外开放枢纽门户中的成效和不足，解析展会活动价值链与对外开放间的关系，系统分析利用进博会提升上海对外开放水平的关键领域、总体思路和路径障碍，结合第三届进博会的筹备，分析近期利用进博会打造开放枢纽门户的有效抓手，从体制和机制层面提供可能的改进方向。

四、应用价值和经济、技术、社会效益

首先，强化开放枢纽门户是党中央交给上海的任务之一。研究成果有助于政府部门客观了解上海作为开放枢纽门户的建设现状，梳理成效和不足，排出补齐短板的任务书、时刻表，对提升上海城市能级与核心竞争力，实现更高水平对外开放具有重要意义。

其次，基于活动价值链视角和其他全球举办大型展会活动的案例比较，提出上海借助进博会强化开放枢纽门户功能的思路建议，加快上海建设"五个中心""四大品牌"和卓越全球城市的步伐。

最后，为地方智库提供必要的案例，总结借助进博会强化上海开放枢纽门户功能的实践模式，形成和推广可复制、可持续的长效机制，为推动全球经贸发展、促进更高水平开放贡献上海智慧、中国力量。

新冠肺炎疫情对广西旅游业影响及对策研究系列报告

作　　者：高元衡，张显春，王中可，韦少凡，梁茵，才巍，吴琳，张洁，杨忠钰，张莉莉，王海迪，林选妙，李玫，穆莉莉，任桓熠，单妮娜
依托单位：桂林旅游学院
成果类别：集体成果

一、研究内容

研究系列报告以新冠肺炎疫情对广西旅游产业的影响及对策为主要研究内容，通过深入政府、企业调研，与相关从业者、学者进行讨论和研究，结合所收集的数据，采用定性和定量的方法，摸清了新冠肺炎疫情对广西旅游产业的影响，提出了应对新冠肺炎疫情对广西及桂林市旅游产业发展的建议和对策。研究系列报告分为五个部分。

一是对广西旅游业的影响及对策研究。阐述了我国在面对疫情中所采取的政策、措施和对我国旅游业的总体影响；在此基础上，列举广西应对疫情时的相关政策、措施，通过走访与调研，采用定性和定量分析，预测广西疫情的发展趋势并进行了论证和研读，给出具有较强可行性的建议和发展对策。

二是对广西入境旅游市场影响与政策研究。对广西的入境旅游市场在疫情期间进行了周期和损失预估，通过对数据的整理和分析，归纳出入境旅游的内在动力；再通过国内外案例的借鉴与分析，结合疫情对广西的影响，给出研究结论和政策意见。

三是对加速恢复广西入境旅游市场的对策研究。通过对区内 200 余家旅游企业和数千位涉境游的城市居民进行问卷调查研究，预估入境旅游疫情影响周期以及疫情后

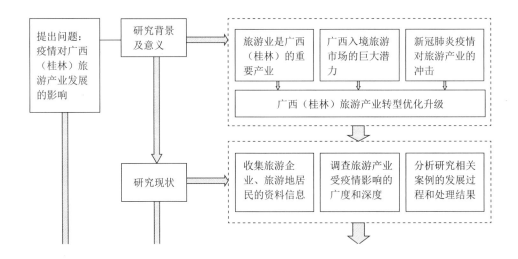

入境旅游需求情况；结合案例进行分析和研究市场恢复窗口期，最后从旅游企业、旅游市场、入境旅游转型升级三个层面提出对策建议。

四是对疫情后广西旅游经济恢复周期的研究。通过分析疫情造成旅游产品存在的问题，有针对性提出对旅游产品升级的原则，阐述了旅游产品提升的设计原则，提出了产品提升工作的抓手，为广西疫情后旅游产品提升提出了有价值的建议。

五是对桂林市旅游业的影响及对策研究。通过疫情对桂林旅游产业发展的影响进行深入的调研、分析探讨与研究，再结合大数据、历史数据和调查数据，摸清疫情对桂林旅游产业发展的影响，建立发展预测模型并提出应对新冠肺炎疫情的对策和建议。

二、研究框架和研究方法

（一）研究框架（图1）

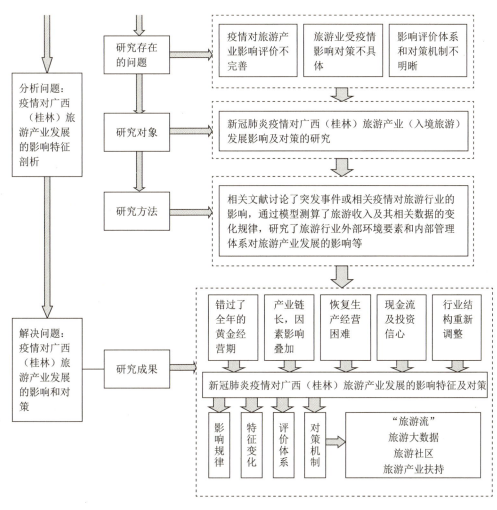

图1 研究框架

（二）研究方法

疫情对广西旅游产业发展影响及对策的系列研究，主要运用的方法包括文献研究法、案例分析法、实地调研法、抽样调查法、数理模型构建法、政策系统分析法等。

1. 文献研究法

对突发事件对经济社会发展带来不利影响的文献进行总结，提出政府补助、税收政策等方面的研究现状，分析重点和不足之处。结合当前疫情对广西旅游产业所带来的巨大影响，协同旅游产业各要素，得出理论与模型在本研究中的应用。

2. 案例分析法

对印度洋海啸、日本地震和福岛核电站爆炸、韩国 MERS 等突发事件对地方政府应对模式及响应进行分析和研究，得出应对当前疫情广西旅游产业亟须采取措施的必要性和可行性，为政策分析奠定科学的基础。

3. 实地调研法

实地走访地方政府、旅游企业和旅游目的地居民，了解疫情期间所造成的具体经济损失，提炼主要影响要素作为数据收集和研究的重点，并赋予相应权重值，为数理模型构建和分析提供有力支撑。

4. 抽样调查法

抽取网络大数据，分析疫情期间旅游产业资金和人员流动的情况与特点，并对抽样数据进行分类筛选，识别有价值信息，并进行分门别类，得到疫情期间旅游产业数据的变化，为后续的预测模型和对策提供科学依据。

5. 数理模型构建法

归纳和改进数理模型，使之能够科学客观合理地反映疫情对广西旅游产业的影响，并通过网络大数据和抽样调查数据，进行旅游发展预测，为应对措施和对策提供数据支持。

6. 政策系统分析法

通过对案例的分析、实地的调研、模型的预测，结合广西旅游产业发展的实际情况与旅游业发展的特点，分别从政策维度、时间维度、需求维度等多方面提出了相应的可行性对策。

三、应用价值和经济、技术、社会效益

习近平总书记针对疫情防控工作做了重要的指示，按照广西壮族自治区党委、政府对新型冠状病毒感染的肺炎疫情联防联控工作相关部署，明确了疫情防控及后期需解决的问题的方向。新冠肺炎疫情对广西旅游业影响及对策研究系列报告立足广西，通过实地调研、案例分析和大数据处理三个方面对疫情期间广西旅游产业进行了深入的研究，具有科学的理论依据和重要的实际指导意义。

（1）通过对疫情影响的评估，针对疫情后广西旅游业发展提出四点建议：一是发挥区位优势和资源特色，加强大健康旅游示范区建设；二是发挥核心旅游城市作用，加强重点旅游目的地建设；三是加强旅游服务能力建设，提升服务质量；四是积极推动旅游企业复工复产。

（2）基于疫情的影响、恢复期发展战略、恢复期中广西旅游经济的主要政策设计和旅游产品提升建议四个方面，全面阐述了疫情之后广西旅游经济恢复周期中的各项政策建议、措施及制度抓手，对广西旅游经济在疫情之后的恢复、快速复苏及健康发展具有重要的实践意义，并对政府相关政策的制定和实施具有一定的参考价值。

（3）采用大数据技术和调查统计方法对疫情对广西入境旅游市场规模影响进行了研究。客观评价了疫情对广西入境旅游市场的影响，所提出的对策建议受到厅领导的高度认可，为制定应对疫情措施、推进旅游业复工复产提供了重要参考。

新的开放形式下海南旅游供给侧改革研究

作　　者：黄学彬，刘宏兵，林海丽，戴小斌，张鹏，乔淑英
依托单位：海南热带海洋学院
成果类别：集体成果

一、研究内容

在参阅相关文献和资料的基础上，以海南对 59 国人员入境旅游免签政策中的 59 个客源国的入境旅游数据为研究对象，选取 2010—2019 年的《海南统计年鉴》和《中国旅游统计年鉴》中的相关数据，收集整理了近年来海南入境旅游客源国和各市县为目的地的详细数据，利用时空分布集中指数、亲景度、竞争态等指标，剖析海南 59 个免签客源国入境旅游市场的时空发展特点。采用实证研究方法，研究海南入境旅游客源国结构动态，对时空演变趋势、客源国结构变迁等方面进行分析。利用波士顿矩阵对客源国的市场划分和变化规律进行了研究，对海南旅游供给侧体系进行了梳理，并在此基础上提出了对策建议。

正值疫情期间，从供给侧的角度，总结世界各国灾难后重振的经验，结合海南的情况，针对如何应对新冠肺炎疫情对海南旅游业的影响，如何重振海南旅游业，提出了打造一流海域、打造"非接触式"新型旅游经济、打造全球康养旅游胜地、打造全球最安全出行岛屿目的地等对策建议；该成果针对新冠肺炎疫情对海南旅游业的影响，提出了 10 条对策建议：①打造国际一流海域旅游目的地，为重振海南旅游业开辟新的增长空间；②全面提升国际旅游岛屿目标定位，为海南旅游业开辟新的疆域；③助力航空产业恢复，全面谋划航空产业体系布局；④全面实施"线上 + 线下"相结合的运营模式，全方位打造"非接触式"新型旅游经济；⑤打造海南成为世界美食之岛；⑥打造海南成为大型创新创意文化演艺基地；⑦策划有震撼力、影响力的活

动，吸引全球中高端市场，激活当下海南旅游市场；⑧深度挖掘热带海洋、热带海岛的健康价值，将海南打造成为全球康养旅游胜地；⑨力争国际大型会展，大力培育新兴会展业态，将海南建设成为世界会展之都；⑩重构海南旅游安全体系，搞好旅游软硬件的综合配套，储备足够的旅游安全战略物资，打造亚洲乃至全球最安全出行岛屿目的地。

针对免签政策实施效果的提升和旅游产品供给的优化提出了用大数据设计"旅游+"多元化产品，树立旅游产品品牌形象，提高旅游产品可见度，实现精准营销，加强入境旅游产品交通便捷性，提高入境旅游的可达性，建设"海南旅游大数据中心"等对策建议：①从国际游客视角寻找旅游产品创新线索，促进入境旅游市场可持续发展；②加大宣传力度，实现精准营销；③提升从业人员素质，努力实现"全民皆导游"；④优化产品体系，丰富产品类型；⑤省市县协同联动，统筹规划，合理布局；⑥差异化营销手段，优化客源结构；⑦深度挖掘侨乡文化，吸引东南亚国家游客；⑧开通便捷航班或航线，打通12小时国际航空圈；⑨建设海南国际入境旅游大数据中心，实现国际旅游业智慧决策；⑩建立旅游监测数字化体系，优化旅游产品供给。

二、研究框架和研究方法

研究框架包括海南入境旅游客源国结构动态研究、基于波士顿矩阵的海南入境旅游客源国与目的地研究、海南旅游供给侧体系梳理等部分。本研究采用实证研究方法，结合文献分析。

三、理论创新和学术价值

研究内容填补了国内学者对于海南免签入境客源国、免签政策实施效果以及新冠肺炎疫情对海南旅游业影响方面研究的空白，丰富了中国入境游客客源国结构及其动态变化问题的研究内容。

四、应用价值和经济、技术、社会效益

为海南乃至全国入境客源市场结构优化和拓展提供参考和依据；有助于制定有针

对性的入境旅游产品开发策略和入境旅游市场营销策略。为提升旅游竞争力、优化旅游产品供给提出了具体的对策建议。不仅为海南建设自由贸易港背景下，重振旅游业、拓展旅游业发展空间和构建新的经济增长点提供了方向性的指导和具体的对策措施，也为我国旅游业的发展提供一定的启发和实践指导。

广东省旅游公共服务发展报告 2020

作　　者：文彤，廖卫华，李静，苏海洋，呼玲妍，郭强，谢冬云，杨春雨，李思敏
依托单位：暨南大学
成果类别：集体成果

一、研究内容

作为全国旅游大省，广东一直贯彻国家"十二五""十三五"旅游业发展规划以及全国旅游公共服务"十二五""十三五"专项规划的指导思路，将"建设全国旅游公共服务示范省、打造全国旅游公共服务国际化先行区、夯实广东旅游优质服务高地"作为广东旅游公共服务体系的建设发展目标，并且在旅游产业发展和市场消费需求的共同推动下实现了全省旅游公共服务体系的快速长足进步。为了梳理基础情况、总结经验模式、梳理优秀示范、确定后续工作重点，《广东省旅游公共服务发展报告 2020》应运而生。

本研究报告采取研究总纲和专题分析的形式，围绕全省旅游公共服务体系基本功能情况、各地市旅游公共服务要素的区域差异、不同类型旅游公共服务设施的发展特征、旅游公共服务供给的投资运营等主要内容展开研究分析，归纳提炼广东旅游公共服务的成效特征、创新经验和优秀案例，并结合分析发现的问题提出相应的优化完善策略措施。研究报告提出的主要观点包括：

（1）广东旅游公共服务体系初步形成一体化系统性，服务设施完备程度较高，有效提高了广东旅游综合接待能力，后续可制定专项法律，成立专项资金，进一步强化旅游公共服务的重要性；

（2）全省范围内，不同类型的服务设施以及各地市整体差异较为明显，通过制度与资金保障加强整体性与均衡性，实现共建共享畅通机制是下一阶段全面提升旅游公

共服务品质的重要目标；

（3）粤书吧、旅游巴士、两中心融合试点、第三卫生间等部分公共服务建设具有领先创新特性，可在此基础上参考相关国际规范建立标准化管理体系，产生全国范围的示范影响；

（4）市场机制下企业参与旅游公共服务模式取得积极成效，社会力量投资参与活跃，顺利实现了市场机制与公益机制的创新与发展，后续有必要建立培训监督体系，全面明确运营主体责任。

二、研究框架和研究方法

为了实现工作的客观性与代表性，研究报告采取了行业数据和重点案例相结合的综合研究方法（图1），具体技术流程为：

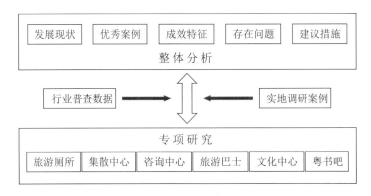

图 1　研究框架与技术路线

（1）行业普查：工作团队参与"广东省文化和旅游服务设施管理系统"的建设工作，围绕旅游集散中心、游客咨询中心、旅游厕所、旅游巴士、综合文化服务中心、粤书吧等设施要素提出相应的调查指标和数据标准要求，借此收集相关行业数据信息；

（2）实地调研：通过基础数据分析掌握全省旅游公共服务体系的实际状况，分析提炼特征、成效和问题，在此基础上确定重点地市、重点企业、重点类型，展开多地多次的实地专题调研，以掌握基层实际和典型案例；

（3）案例入库：汇总各地市、各企业旅游公共服务实例，建立重点案例库，梳理评选优秀案例，总结归纳运营模式和创新经验，以进一步发挥示范效应。

三、应用价值和经济、技术、社会效益

作为广东省旅游公共服务领域的第一次"摸家底"，本研究报告整体上呈现出以下特点。其一，数据精准，通过构建"广东省文化和旅游服务设施管理系统"相关指标形成普查工作的有力支撑，借助各地市行业数据的汇总保障了研究分析成果的准确和全面。其二，案例优质，通过多地多次的实地调研掌握基层一手情况，梳理汇总各地市20余项典型案例，通过入库评选确定6项优秀案例，保证了创新经验的示范效果。其三，综合模式，此次专题研究工作在疫情期间借助信息系统收集各地市数据；复工复产后又通过实地调研进一步掌握一手信息，在验证数据的基础上确定典型案例，这一综合研究分析模式有效克服了疫情的影响干扰，并且确保了相关数据和信息的客观有效。

由于上述特点，研究报告完成后顺利通过了广东省文化和旅游厅的验收结题，笔者并被邀请参加了2020年11月12日广东省文化和旅游厅组织举行的"2020广东公共文化研讨会"，在现场以《广东省旅游公共服务发展蓝皮书》的形式正式发布相关研究成果以及优秀案例，获得了《羊城晚报》、《信息时报》、凤凰网、金羊网、搜狐网等国内主流媒体的广泛报道，取得了良好的宣传效果和社会影响。相关的研究成果也被广东省文化和旅游厅公共服务处在实际工作中采纳，部分内容被纳入"十四五"工作计划，对于广东旅游公共服务体系的实际建设提升起到了预期的良好价值和效益。

新冠肺炎疫情期间饭店业服务与安全管理规范

作　　者：谷慧敏，辛涛，谭东方
依托单位：北京第二外国语学院
成果类别：集体成果

一、研究内容

2020 年年初，全球暴发了新冠肺炎疫情。党中央高度重视，要求把人民群众生命安全和身体健康放在第一位，把疫情防控工作抓实抓细。饭店业由于人群聚集、流动性大且越来越多的饭店被作为医学隔离的定点场所，导致饭店行业防疫压力骤增，成为能否打赢疫情防控阻击战的重要阵地。各饭店如何在疫情来临时迅速做好组织管控？各一线部门在接待重点旅客的过程中如何在确保安全、不发生交叉感染的前提下做好服务保障工作？应建立什么样的服务标准及操作流程？员工如何做好自我防护？相关重点区域如何管控？这些都是饭店业亟须解决的问题。尽管个别饭店也先后出台了相关防疫标准，但既符合国家卫生健康委相关医学要求又符合饭店行业特点，具有实践指导意义的体系化、系统性的行业标准仍缺乏。课题小组积极响应党中央"坚定信心、同舟共济、科学防治、精准施策"的号召，牢记使命担当、迎难而上，通过深入酒店防疫一线，总结凝练各企业一线防疫经验，结合相关医学防疫标准，制定了疫情期间的首个饭店业的"新冠肺炎疫情期间的服务与安全管理规范"。

二、研究框架和研究方法

该规范共由总则、组织管理、宾客接待规范、相关区域管理规范、发热处理预案、饭店员工自我防护、合约商管理、集中隔离医学观察场所的卫生学要求共计八大篇章、六十七条构成。

总则明确了饭店在防疫期间的工作原则及总体基调，明确了各饭店要与属地管理部门及疾控部门建立联动机制，建立疫情期间的专项组织机构，建立日常防疫信息报送机制，及时进行政策的解读等内容。

组织管理分为"成立组织机构、建立应急预案、健全制度体系、防疫物资准备"四小节。明确了饭店应成立由各职能模块构成的防疫专项指挥机构，界定了指挥机构的工作原则及职责分工；明确了饭店应细化制订的各类应急预案，应包括：宾客到店入住前、入住期间、员工在岗期间、员工在家期间出现发热等症状的应急处置方案。在制度体系方面，明确指出各饭店要根据员工所面临的风险不同，分级制定防护标准，应加强应急预案的培训，做好科学防疫精准施策。在防疫物资准备方面，除了明确出饭店应配备的防疫物资种类外，还提出了应建立防疫物资储备保障制度，从制度层面保障了科学防疫。

宾客接待规范分为入住前的工作准备、入住期间的服务规范（重点突出客房及餐饮服务）、退房后的消杀规范三小节。系统规范了从宾客入住前、入住中、退房后的整个接待流程、操作规范，提出了无接触式服务规范，充分利用信息化手段做好服务保障工作，并创新提出了应设立或开通心理咨询及相关援助服务热线，疏导疫情期间宾客的心理压力。

相关区域管理规范提出了疫情期间应对不同区域分级管控，精准施策，避免"一刀切"。对客房、餐厅、电梯等宾客使用频率较高区域的消杀、通风标准进行了规范。

发热处理预案明确了宾客入住期间的发热预案及员工发热处理预案。在员工发热处理预案中，明确了员工在家里或宿舍出现可疑症状时的应急处理预案，提出了要与属地相关疾控部门建立信息联动报送机制。

饭店员工的自我防护明确了员工应配备的物资、应掌握的技能、自我防护的措施等。

合约商的管理规范了对饭店合约商的监管，及时掌握合约商工作人员的健康状况，确保防疫工作不留死角。

集中隔离医学观察场所的卫生学要求主要针对定点接待隔离宾客的饭店而言，根据与重点宾客解除的程度，将酒店划分为清洁区、半污染区、污染区，重点规范了废弃物的处理及消杀，以最大限度地避免交叉感染。

三、应用价值和经济、技术、社会效益

该规范作为疫情期间的防疫指南，对整个饭店行业起到了积极的影响。一是作为我国第一部在新冠肺炎期间正式对外发布的饭店行业的操作指南，也是当时全球的第一部饭店业的防疫标准。规范发布的及时性、科学性、可操作性、有效性，在引导各饭店科学抗疫、精准防控中做出了重要贡献。对国内及全球饭店行业应对新冠肺炎疫情起到了积极的应对作用，也向国际社会提供了可供借鉴和参考的中国饭店防疫经验。二是规范的执行不仅有助于当下的疫情防控，也有利于后疫情时代下国内饭店产业整体竞争力的提升。面对疫情常态化的压力，除了品牌影响力及服务标准外，卫生安全和健康住宿将成为影响消费者是否入住一家饭店的重要因素。规范的出台有利于提升整个行业的安全服务标准，有助于为消费者构建全行业安心、放心、舒心的消费氛围，提升饭店产业的整体行业竞争力。三是该规范不仅提出了组织管控的宏观要求，也对饭店的前厅、客房、餐饮等各部门的操作流程和标准予以细化规范。从完善制度体系建设、规范饭店防疫组织架构、建立应急预案、防疫物资准备等组织管理，到前厅、客房、餐饮、退房等服务流程，直到预案启动及合约商管理，都提供了具有可操作性的技术规范，并明确提出了"无接触服务"的概念，是一部具有实践指导意义的细化版操作指南。

"一江一河"如何让人流连忘返？

——优化游船服务促进水岸联动的建议

作　　者：赵中华
依托单位：上海师范大学
成果类别：个人成果

一、研究内容

继黄浦江还江于民后，苏州河中心城区42公里岸线也已基本贯通。要把一江一河打造成为世界级会客厅和上海的金名片，"岸线贯通"只是第一步，"水岸联动"才是激发江河辐射腹地能力的关键。随着《黄浦江两岸地区公共空间建设三年行动计划（2018年—2020年）》的实施，众多重点文旅设施落成于滨江，然而在当前"上船看岸"的单一游船形式下，水上游船与岸上文旅资源的联动不足问题凸显，"城市项链"串联世界级文化地标的具体抓手亦显缺失。对此，笔者借鉴泰晤士河和塞纳河等世界知名城市内河的建设经验，提出优化游船服务、促进水岸联动的建议。

二、研究框架和研究方法

研究采用了发现问题、经验总结和政策建议的基本研究框架。首先对黄浦江和苏州河两岸贯通后仍然存在且一直制约旅游活动开展的问题进行了总结和评述，然后总结了英国伦敦泰晤士河和法国巴黎塞纳河的经验和做法，尤其是对上海具有借鉴意义的经验做法，并进一步提出了在上海"一江一河"开发过程中切实可行的政策措施和实施建议。

研究采用的主要研究方法有实地调研法和文献法。通过实地调研法，发现"一江一河"贯通后存在的相关问题，并开展了随机访谈，充分了解了本地市民和外来游客对上海水岸建设的想法；通过实地踏勘伦敦泰晤士河和巴黎塞纳河，了解其旅游产品的开发与岸线服务功能设施布局，发现其具有借鉴意义的做法。通过文献法，梳理了伦敦泰晤士河和巴黎塞纳河在开发过程中不断增加的旅游设施和管理方式的改进。

三、理论创新和学术价值

本研究在创新和学术价值方面的贡献主要体现在对世界著名旅游城市水岸开发的研究方面，在总结国外著名城市水岸开发经验的基础上，提出了符合上海社会环境的政策措施，具有一定的创新和价值。

四、应用价值和经济、技术、社会效益

本研究的应用价值突出。研究提出的"试点游船多点停靠，设计整合型滨江游产品"，已经在试点实施过程中，游船公司正策划推出多点停靠及巡游型游船等多元化游船产品，提高水岸互动的水平。研究中提出的"推出多样化的主题游船"，也正在与沿岸文化活动联动，发挥"一江一河"沿岸创意、时尚、演艺、媒体等业态的集聚优势，推出多样化的文化主题游船。其中建议"增加各类游船码头的陆上指示标志"，也已经被相关部门采纳，并在临近的交通设施增设标志标牌，明确指示各码头的位置和距离，增设各码头位置关系的信息导向牌，在已有公交站点增加（滨江游船码头）指示和车上语音提示。

本研究产生了良好的社会效益。"一江一河"的水岸联动正在逐步强化，上海本地居民和外来游客对上海水岸的感知，正在从一个景点一条游线向一个旅游目的地的方向转变；"一江一河"的游览设施正在突出旅游功能，对于游客来说，游览更加便利便捷，方便了游客出行，并且提高了游览体验度。

推进广东旅游和文化深入融合发展研究

作　　者：李国平，余颖，庞莉华，刘学伟，廖海利
依托单位：广东省旅游发展研究中心
成果类别：集体成果

一、研究内容

（一）发展现状

近年来，广东着力推进文旅融合，文旅融合政策环境不断优化，文旅产品供给日益丰富多元，文旅产业综合实力不断提升，文旅公共服务融合加快，文旅发展取得新成效。

（二）存在的主要瓶颈和问题

一是对文旅融合发展的认识仍然不足。二是推进文旅融合发展的合力总体不强，部门间常态化沟通机制建设还不完善，市场主体动力不足，文旅统计及文化事业单位激励参与等制度尚待健全，文化界和旅游界互动不强。三是相关规划体系尚不完善。四是公共服务融合发展仍存在短板，旅游公共服务未单独纳入社会公共服务范畴，维护运营困难。文化公共设施服务游客有能力有限。五是文旅融合精品还不够多，传播、弘扬中华和岭南优秀传统文化的旅游精品相对缺乏。

（三）国内外经验借鉴

1.国际对标

英国：深度开发博物馆与名校名人文化游。

美国：发展特色鲜明现代科技与工业文化游。

韩国：依托"韩流"时尚文化游提升国家软实力。

日本：实施以文化软实力为主线的 Cool Japan 国家战略。

2. 国内对标

浙江：大力统筹文化基因解码与文旅特色村镇建设。

江苏：着力发展文旅公共服务驿站与工业旅游。

山东：以文旅融合理念打造"好客山东"省域旅游金字招牌。

云南："一部手机游云南"打造文化特色鲜明的旅游休闲城市群。

河南：通过核心文化景观与大型演艺活动驱动打造"老家河南"。

（四）对策建议

进一步明晰理念认识。一是坚持正确的价值取向。对接国家战略，传播中华优秀传统文化和社会主义先进文化，突出"活力广东""风情岭南""魅力大湾区"的本质文化特征，推动新技术、新 IP 应用，培育新产品与新增长点。二是确立明确的目标导向。着眼于建设与经济发展地位相匹配的文化旅游发展要求，形成文化传承推广新动能，文旅一体化管理新机制，文旅公共事业融合发展新局面。三是开展广东文化基因 IP 解码工作。构筑广东文脉传承基础，推动文艺作品创作、文化活动组织、旅游产品开发和文创产品策划。

进一步健全融合发展机制。一是优化组织管理，完善文旅行政事业机构服务管理，建立文旅融合奖励激励和容错纠错机制。二是完善工作机制，探索推进省内国有重点文旅资源所有权、管理权和经营权分离，建立责权利相适应的管理体制和经营机制。三是提升公共服务，支持旅游公共服务事业化，探索将旅游公共服务纳入社会公共服务评估指标体系；增强公共文化设施旅游服务能力；加强文旅公共服务的法制化、标准化建设。四是加强宣传推广，建立由省委、省政府牵头，省文化和旅游厅、省级媒体和协会等参与的省级对外宣传工作机制。五是重视人才发展，建立省级文旅融合发展高端智库，探索在文化艺术职称系列中增加涉旅方向、设立文化和旅游职称系列。六是健全统计制度，探索实行双轨制统计，年度用小口径文旅统计反映业态基本运行情况，每三年进行一次大口径卫星账户统计。

进一步加强融合发展规划。着力推进文旅融合顶层规划编制工作，推进特色街区、特色村镇示范发展，推进品牌线路、文化遗产游径规划实施。

进一步拓宽融合创新路径。推动活化型融合、延伸型融合、植入型融合、渗透型融合、创意型融合、重组型融合创新，拓宽文旅融合发展空间。

推动文旅融合公共服务方面实现重点突破。一是加快推出广东美食地图集；二是打造文化特色鲜明的旅游驿站群；三是提升导游导览服务水平；四是加强研学旅行公共服务配套；五是加强品牌节事会展的宣传推广；六是加强数字文旅的信息科技支撑。

（五）打造文旅融合九大精品程

一是实施文旅地标工程，发挥龙头引领作用；二是实施改革开放主题文化旅游工程，讲好广东故事；三是实施大湾区时尚休闲文旅工程，展现世界级城市群风采；四是实施红色旅游工程，传承红色基因；五是实施名人文化旅游工程，近现代中国看广东；六是实施博物馆和非遗文化旅游工程，促进文化传承；七是实施品牌演艺工程，打通文旅娱乐产业链；八是实施民宿客栈工程，壮大文创住宿新业态；九是实施"乐购广东"工程，做强休闲购物大产业。

二、研究框架和研究方法

本研究紧扣文旅融合这一时代议题，立足广东实际，在剖析广东文旅融合现状、问题基础上，提出推动广东文旅融合深入发展的实现路径，旨在解决广东文旅"融什么""怎么融"有问题。

本研究选取省内外若干城市作深入调研，采用实地调研、网络调研、座谈调研、重点访谈等方法，获取相关一手资料和比较数据，深入了解借鉴先进地区的发展经验和做法，广东旅游和文化融合发展的瓶颈因素。

三、理论创新和学术价值

本研究将广东文化和旅游融合发展作为一个系统，通过现状梳理，特别是涵盖表象和内因的问题导向，进行综合分析，并从目标取向、动力机制、重点领域、路径选择等方面进行系统分析，找出解决问题的可行方案，建立广东文旅深度融合发展研究的基本框架体系。

四、应用价值和经济、技术、社会效益

本研究为广东省重大决策咨询研究课题，充分考虑了文化和旅游兼具事业性和产业性双重属性的特点，提出的对策建议兼顾战略思路与实践路径的可操作性，对广东省文旅融合发展决策具有一定的参考价值。